Tiempo y el Mundo

Tiempo y el Mundo

John Frame y las Filosofías Reformacionales

Tim Wilder

Via Moderna Books

2024

ISBN 979-8-9883645-9-7

Tipo de letra: Aldine 401 - Títulos Bembo Std
Systema: Affinity Publisher

Arte de cubierta:
   Panel izquierdo de El jardín de las delicias (detalle)
   Hieronymus Bosch entre 1480 y 1510

publishing@via-moderna.com

Via Moderna Books, Rapid City
2024

CONTENIDO

PREFACIO

Este pequeño libro es una revisión y discusión de una serie de opúsculos que implican principalmente el análisis y la crítica de John Frame a las filosofías reformacionales, que él llamó en su momento la Filosofía de Ámsterdam. El debate tuvo un origen práctico.

John Frame publicó su crítica de la filosofía reformacional en 1972. La llamó "Preliminar", y era una respuesta a los problemas que experimentaban las personas que intentaban responder al auge del secularismo anticristiano fundando instituciones cristianas, como las escuelas. Se encontraron con la oposición, dentro de sus propios círculos, de un grupo que insistía en que tales alternativas a las instituciones estatales tampoco debían ser cristianas. Frame informa que su posición era "la iglesia es una institución de fe, mientras que la escuela es una institución analítica. Las dos pertenecen a diferentes esferas modales y, por lo tanto, nunca pueden compartir una base común".[1] No se trata de la habitual objeción a todo lo "cristiano" fuera de los asuntos "espirituales" que con tanta frecuencia, y más aún en aquellos días, plantean los defensores del repliegue pietista. Detrás había una teoría peculiar y aparentemente incomprensible.

Tras gozar de cierta difusión inicial como folleto, el ensayo permaneció inactivo durante un tiempo, aunque ahora puede descargarse fácilmente en formato PDF desde el conocido sitio web de Frame-Poythress sobre su Teología Tri-perspectival. Recientemente, se publicó una traducción al español en México y apareció una respuesta, tanto en inglés como en español, del Instituto Cántaro de Canadá. Al parecer, son bautistas. (Citan la Confesión Bautista de 1689 como expresión de sus convicciones.) Parecen ser esa rareza, dooyeweerdianos de derechas. Ambos grupos también promueven las obras de Cornelius Van Til.

Un problema de este debate en particular es que, como señala

---

[1]   John M. Frame, *Crítica a la Filosofía Reformacional* (Villahermosa, Tabasco: Reforma Press, sin fecha) pág. 104.

John Frame en un prefacio añadido en 2005, se le ha acusado de no conocer a Dooyeweerd.[2] El libro no ha sido actualizado ni añadido por Frame. Habiendo extraído sus observaciones de las obras de los filósofos reformacionales, Frame parece seguro de su exposición de las mismas. Su problema, sin embargo, es que no distingue las distintas filosofías reformacionales. Sus nociones principales están tomadas de la serie de conferencias populares de Dooyeweerd, *In the Twilight of Western Thought* (*En el crepúsculo del pensamiento occidental*), mezcladas con referencias a *An Introduction to Christian Philosophy* de J. M. Spier. Esta incapacidad para distinguir las filosofías es posible porque omite una explicación adecuada de los modelos metafísicos tan diferentes de Herman Dooyeweerd y Dirk Vollenhoven. Que diferían mucho parece ser desconocido para Frame, y también se resiste a entender estas filosofías sobre la base de lo que su metafísica requiere que sean los sistemas. En 2011, Frame todavía presenta a Dooyeweerd y Vollenhoven como poseedores de una filosofía unificada, basada en el análisis de las esferas modales y buscando "aplicar la visión de [Abraham] Kuyper a la filosofía."[3]

Un segundo problema es que Frame sólo reconoce con vacilación el período de treinta y cinco años de respaldo de las filosofías reformacionales por Cornelius Van Til, su influencia en la apologética de Van Til, de la que Frame se convirtió en portavoz, y el grado en que esto se incorporó a la formación teológica en el Seminario de Westminster. Frame, en 2011, menciona que "nadie en la facultad [de Westminster] quería ofender a Van Til, que estaba profundamente comprometido con la visión de Kuyper".[4] La filosofía reformacional, sin embargo, es bastante más que la visión de Kuyper. Además, la agenda de Van Til parece haber sido la sustitución de la tradición teológica presbiteriana por la neocalvinista, aunque hizo una referencia formal a la tradición del Seminario de Princeton.

Frame también menciona, en 2011, el desarrollo posterior a partir de las raíces de Westminster de la Reconstrucción Cristiana, a la que equipara con la teonomía. De hecho, la Reconstrucción Cristiana, a través de Rousas Rushdoony, fue promotora y editora de obras de la

---

[2]   Frame, *Crítica*, pág. 10.

[3]   John Frame, *The Escondido Theology* (Lakeland, Florida: Whitefield Media Productions, 2011), pág. 6.

[4]   Frame, *Escondido Theology*, pág. 10.

escuela dooyeweerdiana, y otros escritores de la RC, como James Jordan, se saturaron tempranamente de ella. La consideraban esencialmente compatible con el pensamiento de Van Til, con el que también se identificaban.[5] Fusionada con su aparente opuesto (aunque mostrando características dooyeweerdianas, como se verá más adelante), es decir, la teología simbólica de Kline, también se convirtió en inspiración para la teología eclesiocéntrica de la Visión Federal.[6]

Mucho más ampliamente, las filosofías reformacionales han influido en la apologética de la cosmovisión en general, principalmente a través de Francis Schaeffer y la adopción de este enfoque por Inter-Varsity Press en la década de 1970. Schaeffer fue alumno de Van Til, pero también estuvo en contacto directo con pensadores holandeses. La influencia es evidente en su popularización del enfoque motivo fundamental para analizar la historia intelectual.

Las cuestiones planteadas por la crítica de Frame siguen siendo importantes.

Sin embargo, hay más preguntas sobre cómo se llegó a esta situación: que estos sistemas filosóficos llegaran a ser admitidos en los fundamentos de la teología que se utilizaba para formar a los ministros de las denominaciones presbiterianas y de la literatura de los movimientos influyentes del pensamiento cristiano. Fueron aceptados y enseñados como la única respuesta sólida a las ideologías modernas hostiles. También se podría plantear una serie de preguntas paralelas a las diversas denominaciones y escuelas reformadas holandesas, por ejemplo, el Calvin College. Las respuestas serían diferentes. Sin embargo, las filosofías reformacionales tenían un estatus diferente en esos lugares, dejando de lado las instituciones especiales creadas para propagarlas, como el Instituto de Estudios Cristianos de Toronto.

Frame escribe, que "Solía ser que un profesor de apologética en Westminster tenía que estar comprometido con el método apologético de Van Til". Esto se hizo obligatorio a pesar de que Van Til "se opuso a la mayor parte del pensamiento pasado de la iglesia sobre

---

5   Tanto la versión de Calcedonia como la de Tyler se consideraban promotoras de la herencia de Van Til. Véase Gary North, *Westminster's Confession: The Abandonment of Van Til's Legacy* (Tyler, Texas: Institute for Christian Economics, 1991), para su interpretación.

6   La obra de Kline, *Images of the Spirit* (Wipf and Stock, reimpresión, 1999), influyó especialmente en la rama Tyler de la Reconstrucción Cristiana.

epistemología y apologética." Todavía podemos ver esta actitud en Westminster, Filadelfia, donde se ha erigido un muro de protección alrededor del actual portavoz de Van Til, K. Scott Oliphint. Pero en Westminster, California, "se produjo una inversión impresionante: del kuyperianismo dominante de Van Til en Westminster/Filadelfia, a un repudio de este punto de vista como herejía".[7] En el lado holandés, mientras que el Reformacionalismo crudo se promovía mucho más vigorosa y claramente que en Westminster, en el Calvin College, por ejemplo, siempre hubo puntos de vista alternativos, siendo la facultad más conocida de una persuasión diferente.

Hubo "una batalla partidaria" en Westminster, Filadelfia, sobre la influencia de Dooyeweerd, como relata Frame,[8] pero de alguna manera no parecía tocar áreas donde la filosofía se incorporaba de forma más suave, como en la apologética de Van Til. Al menos Frame no lo relata. Sin embargo, la impresión es que los problemas que Frame trataba de abordar en su folleto fueron provocados en gran medida por la complicidad de su propio seminario en la difusión de estas filosofías. De Westminster, California ha salido un libro de J. V. Fesko, *Reforming Apologetics: Retrieving the Classic Reformed Approach to Defending the Faith* (Reformando la apologética: Recuperando el enfoque reformado clásico de la defensa de la fe).[9] El libro no es muy bueno; Fesko parece estar escribiendo fuera de su campo. Pero su argumento es claro. Recupera un enfoque que Van Til descartó, pero no es la tradición del Seminario Princeton, sino la escolástica. Esto deja claro que el debate ha cambiado desde 1972. Ya no se trata de rechazar el enfoque particular de las teorías modales reformacionales, como algo que puede distinguirse del pensamiento de Van Til, sino de descartar algo que se etiqueta como la visión kuyperiana. Tengo dos puntos que hacer al respecto. Primero, el pensamiento de Van Til no puede separarse totalmente de la filosofía reformacional.[10] En segundo lugar incluso la teología de Westminster, California (Escondido) lleva la impronta del kuyperianismo.

---

[7]　　Frame, *Escondido Theology*, págs. 12, 13.

[8]　　Frame, *Crítica*, pág. 9.

[9]　　J. V. Fesko, *Reforming Apologetics: Retrieving the Classic Reformed Approach to Defending the Faith* (Grand Rapids: Baker Academic, 2019).

[10]　　Tim Wilder, *La Teosofía, Van Til y Bahnsen: Cómo el neocalvinismo deformó la apologética* (Rapid City: Via Moderna Books, 2023).

CRÍTICA DE JOHN FRAME A LA FILOSOFÍA DE ÁMSTERDAM

En 1972, John Frame publicó una crítica de lo que denominó la filosofía de Ámsterdam.[11] Hablaba de una filosofía que en aquel momento tenía unos cincuenta años. En su párrafo inicial describe la amplia influencia del movimiento, con sus propias instituciones y miembros comprometidos empleados como profesores en varios colegios y universidades. Era, pues, muy tarde para que una voz del establishment en el mundo presbiteriano iniciara una crítica.

En un prefacio añadido en 2005, Frame dice que el folleto fue publicado por Pilgrim Press. Existe una versión de Harmony Press, también fechada en 1972, que enlaza la obra de Frame con un ensayo de Leonard J. Coppes. La obra de Frame fue traducida al español y publicada por Reforma Press en México, en una publicación sin fecha, esta vez en combinación con un ensayo, "Un informe desde el desierto" de un pastor protestante reformado, Cory Gress. Finalmente, una respuesta a Frame desde el lado de Ámsterdam apareció en Publicaciones Cántaro, en febrero de 2024, escrita por Adolfo García de la Sierra Guajardo. El elefante en la sala, sin embargo, sigue siendo *Neo-Calvinism and Christian Theosophy: Franz von Baader, Abraham Kuyper, Herman Dooyeweerd* de J. Glenn Friesen.[12] Aunque se muestra completamente favorable a la versión de Herman Dooyeweerd de la Filosofía de Ámsterdam, también es demoledor en su demostración de que se trata de una teosofía especulativa, surgida de las raíces de los escritores teosóficos del siglo XIX.

Sin embargo, en el momento de escribir, Frame no se disponía de

---

[11]   La versión en PDF del ensayo de Frame está disponible en línea, pero sin números de página. https://frame-poythress.org/wp-content/uploads/2012/08/FrameJohnÁmsterdamPhilosophy1972.pdf

[12]   J. Glenn Friesen, *Neo-Calvinismo and Christian Theosophy: Franz von Baader, Abraham Kuyper, Herman Dooyeweerd* (Calgary: Aevum Books, 2015, 2016, 2021)

un estudio crítico de los orígenes del movimiento, como el proporcionado por Friesen. Lo que sí se conocía eran los escritos de varios defensores del movimiento y el reconocimiento de que sus principales constructores fueron Herman Dooyeweerd y Dirk Vollenhoven, de la Universidad Libre de Ámsterdam, y H. G. Stoker, de Sudáfrica. Lo más significativo fue una larga relación con el Seminario de Westminster, que Frame menciona, pero no profundiza en su papel como la nueva voz de ese elemento en el Seminario de Westminster.

Aunque Frame se refiere a este movimiento como la "Filosofía de Ámsterdam", prefiriéndolo a alternativas como "La Filosofía de la Idea de Ley", "La Filosofía de la Idea Cosmonómica", o simplemente "Dooyeweerdianismo", es el nombre de "filosofía reformacional" el que parece haber calado más internacionalmente. Frame se opone a este nombre por considerarlo "demasiado honorífico para su uso en un contexto de debate".[13] Sin embargo, es bajo la etiqueta "Reformacional" que la gente tiene más probabilidades de encontrarse con el movimiento, y siempre que se distinga de "Reformada", este es el nombre que probablemente proporcionará la mayor claridad de referencia.

Frame dice: "En América del Norte, durante muchos años, se le reconoció al Prof. Cornelius Van Til del Seminario Teológico Westminster, Filadelfia, como el principal defensor de este movimiento." Él anota a pie de página esto con "El Dr. Van Til sigue figurado como editor de *Philosophia Reformata*, y la impresión de 1968 de *En el Crepúsculo de Pensameinto Occidental* de Dooyeweerd (Nutley, Craig Press, 1960) lo enumera como miembro de la escuela (pág. 197). Sin embargo, como veremos, el Dr. Van Til se ha vuelto cada vez más crítico del movimiento en los últimos años; tan crítico, de hecho, que sería inexacto considerarlo ahora como miembro de esta escuela."[14] Frame continúa señalando que "Su influencia fue quizás el principal factor para atraer a hombres más jóvenes como H. Evan Runner (ahora [1972] del Calvin College [Universidad Calvino]) y Robert D. Knudsen (ahora del Seminario de Westminster) al círculo de Ámsterdam".

Fue en 1936 cuando Van Til comenzó su asociación formal con el movimiento, aceptando ser editor de *Philosophia Reformata*. Hay algu-

---

[13]   Frame, *Crítica*, pág. 11, nota.
[14]   Frame, *Crítica*, pág. 12.

nos comentarios limitados sobre esto en la literatura académica. Timothy L. McConnel señala que la única publicación de Van Til en la revista fue un artículo en 1937, y sugiere que "su co-editoría fue una posición simbólica, para añadir un nombre americano a una revista holandesa".[15] Laurence R. O'Donnell informa que "la relación académica entre ... Cornelius Van Til ... y el filósofo reformado holandés, Herman Dooyeweerd (1894-1977), permanece en gran parte inexplorada en la literatura secundaria que atiende a ambos pensadores. La escasa erudición existente sobre este tema consiste principalmente en observaciones de pasada sobre supuestos desacuerdos entre los dos pensadores."[16]

Sin embargo, en el Seminario de Westminster, donde enseñaba Frame, la conexión no tuvo consecuencias triviales. Hubo una agria controversia entre el profesorado de Westminster por diferencias que incluían la filosofía reformacional, con ataques verbales personales de unos profesores a otros. Ian Hewitson lo cuenta en su libro *Trust and Obey* (con un prólogo de John Frame).[17] Su tesis es que Norman Shepherd se vio envuelto en la amargura que acompañó a esta controversia. Como partidario de Shepherd, omite el papel de éste en la controversia, incluidos sus ataques a Dooyeweerd y Robert Knudsen desde el atril.

Después de que Frame comenzara a enseñar en Westminster, Van Til le pidió que impartiera algunas clases de apologética. En ese campo, se convirtió más en profesor de Van Til que de apologética. También entró en conflicto con la facción de Dooyeweerd. Como Frame lo describe:

> Cuando llegué, muchos estudiantes de Westminster eran discípulos del filósofo calvinista holandés Herman Dooyeweerd. Estos estudiantes tendían a ser bastante arrogantes, argumentando que la teología reformada tradicional que Westminster representaba era "dualista", "esco-

---

[15]   Timothy L. McConnell, "The Influence of Idealism on the Apologetics of Cornelius Van Til", *JETS* 48-3 (septiembre de 2005) pág. 573, n61.

[16]   Laurence R. O'Donnell, *An Analysis of Cornelius Van Til's Presupposition of Reformed Dogmatics with special reference to Herman Bavinck's Geremormeede Dogmatiek* (tesis de maestría, Calvin Theological Seminary, 2011), pág. 172.

[17]   Ian A. Hewitson, *Trust and Obey: Norman Shepherd & the Justification Controversy at Westminster Theological Seminary* (Apple Valley, Minn.: NextStep Resources, 2011).

lástica", etcétera. Con el tiempo me encontré en desacuerdo con ellos y con su ideología. Me preocupaba especialmente su doctrina de la revelación, en la que la autoridad de las Escrituras se limitaba al "ámbito de la fe" y nuestra principal guía para la vida no se encontraba en las Escrituras, sino en la "palabra de la creación", es decir, la revelación natural entendida a través de la filosofía de Dooyeweerd.[18]

Lo que Frame llama la "arrogancia" de los estudiantes es que sostenían lo que Dooyeweerd (y sus profesores) enseñaban como un punto importante. Si se va a permitir el Dooyeweerdianismo, e incluso enseñarlo en el seminario, entonces ¿por qué negarse a la consecuencia de que algunos estudiantes realmente lo sostengan? Pero a lo que esto lleva es que hay un aspecto del pensamiento de Van Til que va de acuerdo con Dooyeweerd en algo de esto y un aspecto que va en contra, y es Van Til quien era inconsistente. Esto quedará más claro cuando Frame explique algunas de las objeciones de Van Til a Dooyeweerd más adelante.

Carácter de la filosofía reformacional

Una vez esbozado el alcance del crecimiento y la influencia de la filosofía reformacional, Frame advierte que "no *todos* los comentarios que se hagan sobre el movimiento en las páginas siguientes se aplicarán a *todos* sus adeptos". Por ser sucinto, citaré el resumen que el propio Frame hace de su crítica.

El problema es, sin embargo, que estos principios bíblicos, reformacionales, brillantemente expresados, no son "todo lo que hay" en la filosofía de Ámsterdam. Desgraciadamente, estos énfasis se mezclan con otros, que en nuestra perspectiva no son bíblicos, ni reformacionales y tampoco se expresan de manera particularmente clara. Es decir: (1) Los escritos de este movimiento están llenos de declaraciones poco claras, argumentos inválidos y, en general, de calidad muy baja. Esta crítica no es tan grave como la segunda a continuación, pero es importante. Tal falta de rigor en una filosofía cristiana no es agradable a Dios. No les serviría a los cristianos apoyar un sistema filosófico de segunda clase simplemente porque ese sistema se dice ser cristiano o incluso porque es cristiano en algunos aspectos. Pero además: (2) Los escritos de este movimiento contienen una cantidad sustancial de enseñanza demos-

---

[18]   John M. Frame, "Antecedentes de mi pensamiento", https://frame-poythress.org/about/john-frame-full-bio/

trablemente antiescturaria y, por lo tanto, falsa. Estas dos críticas se documentarán en lo que sigue.[19]

Lo notable de (1) es que se aplica tan directamente al movimiento de Van Til, en el que John Frame pasó su vida profesional.

UNA VISIÓN METAFÍSICA

Antes de entrar en el detalle de la discusión de Frame sobre la filosofía reformacional, es necesaria una breve explicación a grandes rasgos de la misma. Se describirá desde un punto de vista metafísico, del modo en que Friesen la analiza principalmente en su libro. Frame la abordará desde la perspectiva de la experiencia, que tendrá poco sentido si no se comprende cómo y dónde tiene lugar esa experiencia en el orden de las cosas. Además, rápidamente parecerá que estamos ante dos filosofías diferentes.

En primer lugar, algunas observaciones sobre los antecedentes de la creación de estas filosofías. Dooyeweerd estaba muy en deuda con la teosofía del siglo XIX por sus ideas, y su propio pensamiento era una amalgama de teosofía e idealismo kantiano. La teosofía de épocas anteriores, por ejemplo la del teósofo más famoso de todos, Jacob Boehm, era una reflexión esotérica sobre el cosmos que, estudiada de la forma correcta, se pensaba que revelaba verdades profundas sobre Dios. Un punto de inflexión en la teosofía fue la influencia del idealismo kantiano en el pensamiento especulativo del siglo XIX. A partir de entonces cobró importancia la reflexión sobre la conciencia y la naturaleza de la experiencia. Este tipo de teosofía influyó en la teología, incluido el neocalvinismo, y se convirtió en un componente del pensamiento de Dooyeweerd junto con su uso directo de Kant.[20]

Dooyeweerd tomó de la teosofía una idea sobre el tiempo. Además de lo eterno, existe la creación temporal. La experiencia en el tiempo se divide entre lo supratemporal, que Dooyeweerd también llamó lo religioso (también es el "cielo creado"), que es la ubicación del yo y

---

[19]   Frame, *Crítica*, pág. 23.

[20]   Friesen, *Neo-Calvinismo*. Esta obra de 589 páginas da cuenta detallada del origen de las filosofías reformadoras, tanto en sus antecedentes como en su desarrollo por Dooyeweerd y Vollenhoven. También investiga la interrelación de los elementos de la filosofía de Dooyeweerd. Se hace mucho más hincapié en la metafísica que en la fenomenología.

el origen de la experiencia que aparece en lo temporal. Además de lo supratemporal, existe la experiencia temporal, o cósmica, donde surge la experiencia unitaria de lo supratemporal y se divide en modalidades como la luz que pasa por un prisma se divide en colores. Las modalidades, o esferas, propuestas por Dooyeweerd son la cuantitativa, la espacial, la cinemática, la física, la biótica, la sensitiva/psíquica, la analítica, la formativa (modelado intencional), la lingüística, la social, la económica, la estética, la jurídica, la ética y la pística. No consideraba que su lista fuera definitiva. Las modalidades en la experiencia temporal son el resultado de estructuras-ley que otorgan una soberanía de esfera a cada modalidad. Las estructuras-ley no son consecuencia del tiempo, porque tienen su origen en el "momento nuclear" supratemporal de cada modalidad. Las modalidades, sin embargo, aparecen en el tiempo, y emergen de una experiencia ingenua inicial de un modo que la filosofía puede atender. La filosofía, utilizando el pensamiento racional que es una de las modalidades, parte de la reflexión sobre la experiencia a medida que ésta emerge en lo temporal y adquiere las cualidades modales. En lo temporal hay estructuras de individualidad, que son las "cosas" de la experiencia. La prueba de una filosofía, decía Dooyeweerd, es que debe dar cuenta de las modalidades, pero también de la experiencia ingenua unitaria inicial. Debido a este énfasis en el análisis de la experiencia, a Dooyeweerd se le clasifica a veces como fenomenólogo.

DIFERENCIAS ENTRE DOOYEWEERD Y VOLLENHOVEN

Según Friesen, Vollenhoven y Dooyeweerd discrepaban en casi todos los puntos importantes, ya fuera en ontología, epistemología o teología.[21] Enumera veinticuatro puntos de diferencia. (En realidad se salta uno.) Los principales y más comprensibles son:

1. *Dualismo, Monismo, No-dualismo.* Este fue un problema difícil para Vollenhoven, cuyo pensamiento sufrió modificaciones. "No hay indicios de comprensión del no-dualismo de Dooyeweerd."

2. *Ser y sentido.* "Para Dooyeweerd, sólo Dios es Ser ... incluso nuestra mismidad no es ser, sino que remite al verdadero ser de

---

[21]   J. Glenn Friesen, *Two Paths of Reformational Philosophy: Early Writings of Vollenhoven and Dooyeweerd*, pág. 145. En línea. https://www.academia.edu/ 105254020/Two_Paths_of_Reformational_Philosophy_Early_Writings_of_ Vollenhoven_and_Dooyeweerd_by

Dios". Para Vollenhoven "la creación no remite más allá de sí misma".

3. *Lugar de la ley*. "Vollenhoven quiere mantener una separación estricta entre Dios y el cosmos para evitar el panteísmo y, sin embargo, también quiere permitir la inmanencia de Dios en el mundo. La ley es el límite entre Dios y la creación.... Pero eso es muy diferente de la implicación activa de Dios en nuestras vidas y de nuestra participación mística en Cristo, como subrayaron tanto Kuyper como Dooyeweerd."

5. El tiempo *cósmico*. "Dooyeweerd subraya que la idea del tiempo cósmico es la base de su teoría filosófica de la realidad..... Vollenhoven no utilizaba la idea del tiempo que Dooyeweerd obtuvo de Baader con las distinciones eterno/supratemporal/temporal."

6. *Corazón supratemporal*. "Vollenhoven rechazó esa línea del neocalvinismo de Kuyper que se apoya en una unidad central supratemporal de la existencia del hombre.... Influenciado por Janse, Vollenhoven rechazó más tarde toda idea de inmortalidad del alma."

7. *El hombre como imagen de Dios*. En contra de los "principios reformadas de la Universidad Libre ... basados en que 'el ser humano ha sido creado según la imagen de Dios', Vollenhoven no aceptaba tal uso metafísico de 'imagen de Dios'.... Dooyeweerd utilizó 'imagen de Dios' en el sentido de cómo nosotros, al igual que Dios, nos expresamos o revelamos desde una esfera superior a una inferior".

9. *El yo y el ego*. "Vollenhoven no discute tal distinción, y rechaza incluso la idea de un yo."

11. *Modalidades*. "Vollenhoven no estaba de acuerdo en que los modos sean modos de conciencia. Pero si es así, entonces Vollenhoven y Dooyeweerd no están hablando de la misma idea." "Para Dooyeweerd, los modos se dan en un orden *de tiempo*; hay un modo anterior y otro posterior; para Vollenhoven, el orden no es de tiempo, sino de complejidad cada vez mayor."

12. *Soberanía de esfera*. "A Vollenhoven no le gustaba el término 'soberanía de esfera'.... En cualquier caso, utiliza el término de forma diferente a Dooyeweerd..... Para Dooyeweerd, la soberanía opera desde fuera del centro. Así, el momento nuclear central de la esfera modal es lo que garantiza su soberanía. El centro es supratemporal, por tanto en una región superior.... Sin la idea de supratemporalidad y la unidad-raíz, y la distinción entre centro y periferia, Vollenhoven

no puede tener esta misma comprensión de la soberanía de la esfera en lo que se refiere a las modalidades."

14. *Modalidades específicas.* "Aparte de discrepar en cuanto a lo que son las modalidades, Vollenhoven y Dooyeweerd discreparon en cuanto a la naturaleza de modalidades específicas como la histórica."

16. *Teórica y pre-teórica.* "La visión de Vollenhoven de la experiencia pre-teórica es también diferente de la de Dooyeweerd en que incluye bajo ella la información dada en la Escritura así como la información que recibimos de otros, incluso si esa información fue el resultado de su trabajo teórico. Ninguna de ellas está incluida en la idea de experiencia ingenua de Dooyeweerd. Por un lado, Dooyeweerd no consideraba la Escritura como una fuente de información...." "Vollenhoven consideraba la pre-teoría en términos de 'sentido común'.[22] Pero eso sitúa a Vollenhoven en la tradición de Thomas Reid, y no en el neocalvinismo de Kuyper".

20. *Uso de la Escritura para la filosofía.* "Dooyeweerd no utilizó la Escritura como fuente para su filosofía, aunque a veces mostró que su filosofía concordaba con la Escritura. La filosofía de Dooyeweerd parte de la experiencia, y es crítico con un uso proposicional de la Escritura. Dooyeweerd negó que las cuestiones relativas a la naturaleza del alma, o de la creación, la caída y la redención, la regeneración, la revelación o incluso la encarnación pudieran resolverse mediante la exégesis de las Escrituras." "Vollenhoven sí utiliza la Escritura como fuente de conocimiento."

[Para Dooyeweerd lo "religioso" es supratemporal y la revelación, la creación, la caída, la redención, etc. ocurren en lo supratemporal, no en la historia, y existen al margen de la modalidad temporal de la razón.]

23. *Espiritualidad.* "Vollenhoven creía que podíamos tener conocimiento de Dios, pero que éste depende de la revelación. Dooyeweerd está de acuerdo en que la revelación es necesaria, pero su idea de revelación es mucho más amplia. La revelación o '*openbaring*' es la expresión de un ser desde un nivel óntico superior a otro inferior. Dios se revela desde la eternidad a los niveles creados; los seres humanos se revelan (*openbaar*) por expresión en el ámbito temporal. Sin la idea del corazón supratemporal, no podemos entender la revelación de

---

[22]   Este comentario no debe interpretarse como una comprensión real de la epistemología de Reid o una similitud con ella.

Dios ni la encarnación de Cristo. Y ciertamente no podemos tener el tipo de espiritualidad que Kuyper describe en sus meditaciones."[23]

Frame comienza su exposición de la filosofía reformacional en la sección 4, "Sentido común y ciencia". Enseguida identifica sentido común y experiencia ingenua, que, a su vez, quiere explicar por la discusión de Dooyeweerd sobre la experiencia ingenua en sus conferencias publicadas como *En el crepúsculo del pensamiento occidental*. Frame comienza, pues, confundiendo las ideas de Dooyeweerd y Vollenhoven, llamando simplemente a esto el "esquema de Ámsterdam". Y continúa: "Dooyeweerd y los demás pensadores de Ámsterdam claramente quieren hacer una distinción drástica entre la experiencia 'preteorética' o 'Ingenua', por un lado, y el pensamiento 'teorético', por el otro. Drástica, esto es, en el sentido de que todo pensamiento humano debe ser clasificable, en principio, como "ingenuo" o "teorético".[24] Frame se extiende durante varias páginas tratando de explicar y también de hacer agujeros en esta distinción. Se basa en gran medida en J. M. Spier en su *Introducción a la filosofía cristiana* (publicado por la Presbyterian and Reformed Publishing Company) y en las conferencias *Crepúsculo* de Dooyeweerd. Por lo que Frame cita de Spier, parece estar en el campo de Vollenhoven, aunque nada en el folleto de Frame lo identifica explícitamente. Frame mezcla los puntos de vista de Dooyeweerd y Spier como si Spier estuviera exponiendo a Dooyeweerd.

Pero, ¿por qué son distintos según Dooyeweerd? No son sólo variedades de pensamientos que tenemos mientras experimentamos el mundo. Más bien, la experiencia ingenua es aquella en la que la experiencia surge de la fuente supratemporal ya existente y aparece en lo temporal, asumiendo las modalidades que conforman la experiencia temporal. Una vez que pasan al tiempo, las modalidades se separan, expresan sus estructuras-ley, pero pierden su unidad. El pensamiento teórico es una modalidad particular (la analítica), y aquí se pierde la unidad ingenua, de lo contrario no pertenecería a esta modalidad. La

---

[23] J. Glenn Friesen, *Two Paths*, Apéndice A, págs. 146-156.

[24] Frame, *Crítica*, pág. 26.

experiencia ingenua inicial, sin embargo, es lo que indica el origen supratemporal de la experiencia.

Pero Vollenhoven tuvo que dar una explicación diferente, ya que no aceptaba la distinción supratemporal/temporal. Aquí habría algo más parecido a lo que Frame cree criticar, a saber, una distinción que se desarrolla a partir de una experiencia ingenua original. Sin embargo, incluso para Dooyeweerd hay algo importante para el análisis filosófico en este punto, pues es "al reflexionar sobre" esta primera experiencia ingenua como el filósofo vislumbra, por así decirlo, el surgimiento de las modalidades del pensamiento temporal.

Tras esta discusión, Frame concluye que, según el punto de vista de Ámsterdam, "La 'oposición' entre aspectos que es distintiva del pensamiento teórico no corresponde a nada en el mundo real. Más bien, el mundo real es el de la experiencia ingenua donde la oposición no existe".[25] ¿Qué entiende aquí Frame por "mundo real"? Para Dooyeweerd, sólo Dios tiene Ser. Ese es un significado de real. Los niveles creados de supratemporal y temporal son creaciones de Dios. El supratemporal es donde está el yo del hombre y donde residen los momentos nucleares en los que también residen todas las modalidades de la experiencia temporal. Además, para Dooyeweerd lo temporal precedió al hombre en el sentido de que ya estaba caído cuando el hombre fue creado.[26] No obstante, los objetos de la experiencia temporal son estructuras de individualidad y no tienen existencia independiente de la mente humana. En ese sentido, son como el mundo fenoménico de Kant. Entonces, ¿de dónde saca Frame su idea de que

---

[25]   Frame, *Crítica*, págs. 40, 41. La traducción de "La 'oposición' entre aspectos que son distintivos del pensamiento teórico no corresponde a nada en el mundo real." no es correcto. Es la oposición, no los aspectos, lo que es distintivo. Además, parece que es esta oposición, que se da en el pensamiento teórico, la que crea un falso yo, y crea así la posibilidad de que surja el pensamiento autónomo.

[26]   En la explicación de Friesen se encuentra tanto la idea de que el mundo estaba caído antes de que el hombre fuera creado, como la de que la caída implicó al hombre. Esta paradoja debe considerarse en el contexto de la naturaleza supratemporal del hombre en contraste con el orden temporal cósmico. Otra paradoja es que el contenido de la experiencia temporal depende del hombre y, sin embargo, en el orden temporal el mundo fue creado antes que el hombre. Vea Friesen, *Neo-Calvinism*, pág. 452.

la experiencia ingenua es lo real? Debe de estar pensando al modo de Vollenhoven.

Pero Frame utiliza esto para intentar construir una refutación. Dice que "en este esquema el pensamiento teórico requiere el uso de premisas derivadas de la experiencia ingenua", citando que "los escritos de Dooyeweerd, de hecho, incluyen muchas referencias a Dios y al yo, por ejemplo, de los cuales se dice que están fuera de todo pensamiento teórico". A continuación argumenta que "si una teoría presupone proposiciones de tipo 'no teórico', las discute y las incluye en su estructura teórica, entonces ¿qué nos impide llamar a esas proposiciones 'teóricas'?"[27] El problema de Frame es que no tiene en cuenta lo supratemporal. Supone que si algo no forma parte del pensamiento teórico debe formar parte del pensamiento ingenuo. Y, entonces, si forma parte del pensamiento ingenuo, debe tomar la forma de proposiciones. Por último, Frame toma "teórico" en el sentido normal de la palabra, por lo que si hay un cuerpo de proposiciones que la teoría utiliza, es arbitrario y un mal uso del lenguaje insistir en que éstas no son en sí mismas teóricas.

Pero para Dooyeweerd, todo lo religioso es supratemporal (también existe aparte lo eterno). El ser y sus operaciones están en lo supratemporal, y las proposiciones no existen allí. Las proposiciones pertenecen a la modalidad racional de lo temporal. (Dooyeweerd sí tiene un esquema Ideas/concepto, donde las Ideas son supratemporales y los conceptos temporales, algo que Vollenhoven rechazó.) ¿Cómo pueden ser proposiciones del pensamiento teórico si no son proposiciones? Para Dooyeweerd, toda la estructura de lo supratemporal, el yo, los momentos nucleares de las modalidades, etc. son lo que produce la experiencia temporal, y llama a esa relación por el nombre de presuposición. La presuposición es esa estructura, más allá del acceso de las modalidades temporales de la conciencia, que sin embargo es la causa y la explicación del contenido de la conciencia temporal.

Ahora, por supuesto, para Vollenhoven todo esto debe ser diferente. Si Frame estuviera obteniendo explicaciones de fuentes de la escuela de Vollenhoven no encajaría con el sistema de Dooyeweerd. Extrañamente, sin embargo, Frame pasa inmediatamente (Sección 5) a hablar de lo eterno y lo supratemporal en el pensamiento de Doo-

---

[27] Frame, *Crítica*, pág. 41.

yeweerd, y a señalar que "parece implicar que el pensamiento teorético no puede hablar de nada eterno o supra-temporal".[28] A continuación, señala que Dooyeweerd, sin embargo, tiene mucho que decir al
respecto en sus escritos teóricos. Aquí Frame tiene un punto sólido,
y es el que debería haber hecho al final de la Sección 4. Dooyeweerd
sí tenía algún tipo de teoría al respecto, recurriendo a un tipo de intuición que sintetiza las cosas más allá de los límites de las fronteras
de la modalidad.

Desgraciadamente, Frame inventa su propia explicación de lo que
hace Dooyeweerd.

> Esencialmente él sostiene que, si bien se puede hablar de Dios y el yo
> en un contexto teorético, ambos tienen un estatus tan especial en ese
> contexto que no es del todo apropiado llamarlos elementos de la teoría.
> Ese estatus especial es el de presuposición.[29]

Para apoyar esta idea cita algo de Dooyeweerd:

> ... todo conocimiento conceptual en su carácter analítico y intermodal
> sintético presupone el ego humano como punto de referencia central,
> que por consecuencia debe ser de naturaleza supra-modal y no es capaz
> de análisis lógico.[30]

Se trata de una referencia a la intuición sintética mencionada anteriormente. Señala que opera fuera de la modalidad lógica o racional,
es una función del yo central, supratemporal, y en consecuencia está
ella misma más allá del análisis de la modalidad temporal racional.
Todo esto es muy kantiano. Nuestro mundo está construido por pro-
cesos intuitivos más allá de nuestra inspección racional. Frame malinterpreta esto como: "Dios y el yo, está diciendo Dooyeweerd, son
presuposiciones de cualquier teoría verdadera y, por lo tanto, no son
parte de la teoría en sí."[31]

Pero, ¿cuál es el carácter específico de la lectura errónea que
Frame hace de Dooyeweerd? Lo está convirtiendo en Van Tillianismo. Fue Van Til quien dijo que Dios era la presuposición de toda teo-

---

28   Frame, *Crítica*, pág. 43.
29   Frame, *Crítica*, pág. 44.
30   Citado de, Herman Dooyeweerd, "Cornelius Van Til and the Trans-
cendental Critique of Theoretical Thought", en E. R. Geehan, ed., *Jerusalem
and Athens* (Presbyterian and Reformed, 1971, pág. 85.
31   Frame, *Crítica*, pág. 45.

ría verdadera (también dijo que Dios no puede ser concebido), y los conectan, pero sólo mediante un paso a un argumento trascendental. Frame piensa que esa es la forma que también debe seguir el pensamiento de Dooyeweerd. Esta confusión aparecerá de nuevo cuando Frame apoye la acusación de Van Til de que el pensamiento de Dooyeweerd es un pensamiento autónomo, en parte porque *no* hace de Dios la presuposición.

A partir de aquí, Frame divaga sobre lo que es una presuposición y un punto de referencia central. No comprende que el punto de referencia central no es una especie de punto de apoyo, o punto de anclaje, *de una teoría* que se propone, sino el yo activo supratemporal, que trasciende la experiencia temporal y le da origen. Y el contenido de esta experiencia, recordemos, no tiene existencia fuera del conocedor humano. El punto de referencia central, el yo supratemporal, *lo hace*. A continuación se queja de cómo Dooyeweerd afirma que no podemos tener conocimiento conceptual de Dios y del yo, y luego pasa a hablar de ambos. Curiosamente, Van Til hizo lo mismo. Su objeción al argumento ontológico de Anselmo es que no es válido porque no podemos concebir a Dios, y sin embargo Van Til tenía mucho que decir sobre Dios. En el caso de Dooyeweerd, estaba la distinción entre Ideas (supratemporales) y conceptos (temporales) que puede estar en juego en este ámbito.

Luego Frame llega a un argumento más interesante. Considera las implicaciones que tiene para la verdad de una teoría el hecho de que ésta no pueda referirse a lo supratemporal, que sin embargo es esencial para la teoría. Desgraciadamente, sigue enredado en hablar de los "presuposiciones supratemporales de una teoría" como si fueran premisas, y de cómo eso crea una relación en la teoría de la que no se puede hablar teóricamente. Lo que necesitamos para aclarar este punto es una teoría de la referencia. Por supuesto, algo similar debe ocurrir en el problema de si es posible referirse a cosas-en-sí-mismas en la teoría de Kant, y debe existir una amplia literatura sobre la cuestión.

Para Van Til se plantea el mismo problema, aunque de forma diferente. En su teoría idealista del sentido, el sentido de las cosas es la totalidad de las relaciones que tienen con todo lo demás. Como este conocimiento sólo está al alcance de Dios, sólo Dios tiene un conocimiento real, y los hombres sólo tienen alguna aproximación que surge de su experiencia limitada. Esta es la razón por la que el conocimiento del hombre, para Van Til, sólo puede ser lo que él llama "ana-lógico". Pero, ¿cómo, entonces, tienen algún significado los términos que están fuera de la experiencia del hombre? Lo que no está dentro de la experiencia, como Dios, no debería tener significado, y la referencia a Dios debería ser imposible. Todas estas teorías se enfrentan al mismo problema de cómo salir de lo que es esencialmente la subjetividad kantiana.[32] Como se ha visto en punto (2) de las diferencias que Friesen señala entre Vollenhoven y Dooyeweerd, para Vollenhoven la creación no se refiere más allá de sí misma.

Para Dooyeweerd, sin embargo, el conocimiento no se reduce al conocimiento teórico, porque el verdadero ser del hombre reside en lo supratemporal. Hay un cierto problema con ello, ya que para Dooyeweerd la Caída es una caída de lo temporal lejos de lo supratemporal, por lo que de ello resulta cierta pérdida de integración. Pero lo supratemporal tampoco está ausente. El yo y sus operaciones intuitivas siguen existiendo y funcionando allí. De hecho, la función integradora intuitiva, mencionada dos veces ya, está ocurriendo allí todo el tiempo. La cuestión es si este tipo de conocimiento intuitivo conecta con los conceptos del pensamiento teórico y cómo lo hace.

En la sección 6, Frame aborda los modos de experiencia temporal de Dooyeweerd. Dice que Dooyeweerd los enumera según una complejidad ascendente. Ahora bien, Friesen dice que ésa es la manera de verlo de Vollenhoven y que para Dooyeweerd el orden es aquel en el que el modo se distingue en el tiempo. Existe una relación entre los modos y el tiempo, aunque no es lo que Frame tratará de explicar un poco más adelante.[33]

En un artículo de Magnus Verbrugge (yerno de Dooyeweerd) se enumeran y explican los distintos modos de experiencia temporal. En su lista, son numéricos, espaciales, cinéticos, físicos, bióticos, sensoriales, lógicos e históricos. Hay listas más largas. "Ninguno puede re-

---

[32]   Bajo esta interpretación idealista de Kant.

[33]   El énfasis en el tiempo es una característica del idealismo en general. El tiempo fue importante para Kant a la hora de descubrir cómo la mente interpreta la experiencia, fue un tema importante para los teósofos del siglo XIX, fue un problema para el idealismo postkantiano, uno que Van Til en su tesis doctoral señaló como la razón principal para rechazar el idealismo como explicación de la realidad, y aparece también con un papel decisivo en las filosofías reformacionales. Vease págs. 32 y 33.

ducirse a ninguno de los otros: cada uno de ellos muestra una cierta soberanía en su propia esfera".[34] Éstas tienen un orden definido, que es irreversible, ya que cada esfera depende de la precedente. Frame comenta que "Este sistema es muy impresionante por su simetría y equilibrio, y si es válido, entonces proporciona una guía fácil para el análisis de muchos problemas en filosofía y otras disciplinas."[35]

Sería interesante saber por qué Frame pensaba así. Para la ciencia antigua y medieval, un sistema de clasificación con categorías claramente definibles y necesarias era el ideal. Esto se debe a que, a falta de comprender cómo funcionan las cosas, la ciencia trataba de la clasificación y el orden del conocimiento. Ahora bien, Dooyeweerd señala algo funcional en su orden de modalidades, en el sentido de que hay una dependencia de las posteriores respecto de las anteriores. Pero no se trata de una clasificación o descripción científica, sino de un orden que estas modalidades tienen para manifestarse en la conciencia. Como tal, no tiene nada que ver con la ciencia en nuestro sentido moderno. Verbrugge, en su artículo, piensa claramente que esto está relacionado con la ciencia de alguna manera fundamental. Tras señalar que Dooyeweerd distinguía la experiencia ingenua del conocimiento teórico, donde está la ciencia, Verbrugge pasa a indicar las estructuras-ley de las esferas modales como el ámbito de la investigación científica. Lo que hay que investigar son las "estructuras de individualidad". Se opone a este término (de la traducción inglesa de la *Nueva Crítica*) porque sugiere una entidad individual. Verbrugge prefiere el término "ley-tipo" de Roy Clouser. Aquí nos lleva a pensar en algo parecido a las formas tomistas (también entendidas por Tomás en términos de ley). La diferencia clave, sin embargo, es que las de Dooyeweerd son productos de la intuición dentro de la conciencia. Compárese esto con el enfoque de la ciencia, que se basa cada vez más en modelos matemáticos para representar un mundo, tanto a nivel subatómico como cosmológico, que no puede representarse en una comprensión mental intuitiva, y tiene que explorarse indirectamente mediante complejos experimentos.

---

[34] Magnus Verbrugge, "A New Look at Scientific Inquiry", *Contra Mundum*, n° 6, invierno de 1993, págs. 16-17.

[35] Frame, *Crítica*, pág. 54. La expresión "most impressive" tiene el significado de impresionante en gran manera y "ready guide" de fácilmente disponible.

Como apunte, la Reconstrucción Cristiana comenzó en esta línea, viéndose a sí misma como un desarrollo del kuyperianismo ("Kuyper más la Biblia") y guiada por la filosofía de Dooyeweerd. Rousas J. Rushdoony escribió la introducción al libro de Dooyeweerd *En el crepúsculo de pensamiento occidental,*[36] (una serie de conferencias de una gira americana, cuyo material "básico" fue preparado para su publicación por Henry Van Til) aunque sin parecer entenderlo muy bien, y publicó el libro de Verbrugge *Vivo: El origen y el sentido de la vida.*[37] Incluso en 2004 Gary North distribuyó una propuesta para un curso de cosmovisión en el que la ley científica debía presentarse como las esferas modales.[38] Se trata de una regresión a la mentalidad premoderna. Como fenómeno, es una tendencia mucho más amplia que la que se encuentra sólo en los neocalvinistas, ya que un renacimiento del tomismo muestra una regresión similar a la mentalidad precientífica y sus ideales de ciencia.

Frame, a pesar de admirar esta clasificación, dice que "las categorías parecen un poco arbitrarias, demasiado simples, como si el mundo tuviera que comprimirse un poco para adaptarse a las categorías del sistema".[39] A continuación reflexiona sobre lo que podrían ser estas esferas modales y cómo se identifican. Sin embargo, no las considera en relación con el punto central de Dooyeweerd sobre la naturaleza de la filosofía. Es decir, la filosofía comienza con la reflexión sobre la aparición de la experiencia a través de la experiencia ingenua hasta las modalidades, y atendiendo a la forma en que éstas aparecen.

Para Dooyeweerd, estas modalidades salen de lo supratemporal con sus estructuras-ley, que existen ya en el momento nuclear supratemporal, y luego se expresan en el tiempo. Frame piensa que es el tiempo el que crea estas modalidades; que "se consideran formas del tiempo". Frame se queja de que debe haber algún equívoco sobre el significado del tiempo, y se pregunta "¿significa 'supratemporal' 'desordenado'?"[40] Si Frame hubiera empezado por el sistema metafísico,

---

[36]   Herman Dooyeweerd, *In the Twilight of Western Thought* (Nutley, NJ: Craig Press, 1960).

[37]   Magnus Verbrugge, *Alive: The Origin and Meaning of Life* (Vallecito, Calif.: Ross House Books, 1984).

[38]   Gary North, "Biblical Worldview: An Outline", 6 de julio de 2004.

[39]   Frame, *Crítica*, pág. 54.

[40]   Frame, *Crítica*, pág. 57.

y el análisis de la realidad en eterna, supratemporal y temporal, podría haber evitado sus especulaciones y confusiones casi aleatorias.

Cuando Frame se refiere finalmente al modelo (Sección 6, b), recurre al ridículo.[41]

> Obsérvese de nuevo el uso exagerado de la metáfora. El "centro" en mente no es evidentemente un centro geométrico; el "punto inicial" no es un punto inicial geográfico. El "punto de concentración" no es una pieza de experiencia solidificada. Entonces ¿qué significan estas frases?[42]

En realidad no es tan difícil. El centro es el centro funcional, también llamado el "yo", donde opera la intuición que crea la experiencia consciente. Hay una idea similar en Kant. El punto de partida es un origen funcional. La concentración es la consecuencia de la idea de una unidad originaria de la experiencia. Seguramente Frame no está tan desinformado sobre la filosofía de la mente como para no ser capaz de entender esto. (Pero tal vez sí. Compárese con Van Til, que se niega a revelar la filosofía de la mente que presumen las operaciones mentales en su epistemología. ¿No será que a los Van Tillianos nunca se les ocurrió que era necesaria una filosofía de la mente?) Frame continúa:

> ¿Significa que es el corazón el que tiene todas las experiencias? ¿Significa que el corazón proporciona los conceptos universales por los cuales la experiencia es "unificada" (es decir, es organizada, contabilizada, analizada, etc.)? ¿Quiere decir que toda experiencia presupone la existencia del corazón? ¿Quiere decir que cualquier registro verdadero de la experiencia humana debe presuponer la exitencia del corazon? ¿Quiere decir que el corazón de alguna manera percibe supra-temporalmente lo que los sentidos perciben temporalmente?[43]

Todo esto es una negativa a atender al relato que Dooyeweerd hace en realidad. Frame simplemente se niega a tomar en serio el yo supratemporal. Pero entonces, Vollenhoven no creía en el yo supratemporal, y no sabemos cuántas de las nociones de Frame provienen de los

---

[41] En un prefacio añadido en 2005, Frame menciona que el "folleto también contiene demasiadas tonterías". Esto sugiere que ya no sigue esta línea.

[42] Frame, *Crítica*, pág. 58.

[43] Frame, *Crítica*, pág. 58.

seguidores de Vollenhoven. Por lo que indican las notas de Frame, depende casi por completo del *Crepúsculo* de Dooyeweerd y de los escritos de J. M. Spier. Necesitaba un guía como Friesen, que dijera claramente desde el principio que se trata de dos filosofías reformacionales opuestas en aspectos importantes.

Frame se encuentra a continuación con la idea reformacional de lo religioso. Recordemos que para Dooyeweerd, "religioso" y "supratemporal" son sinónimos. Frame cita de Dooyeweerd "¿Cómo podría el hombre dirigirse hacia las cosas eternas, si la eternidad no estuviera 'puesta en su corazón'?" y de Spier: "Si nuestro corazón estuviera sujeto a la temporalidad, no poseeríamos una idea de la eternidad y no seríamos capaces de relacionar nuestra vida temporal con Dios en auto-concentración religiosa." Frame rebate, en primer lugar, con la afirmación de que este argumento *no es válido*. "¿Estarían Dooyeweerd y Spier dispuestos a decir que no podríamos tener una idea de Dios a menos que seamos Dios? Entonces, ¿por qué decir que debemos ser eternos para tener una idea de la eternidad?"[44] Bueno, de hecho, Friesen piensa que el no dualismo de Dooyeweerd es panenteísmo, por lo que *somos* una parte de Dios. Pero entonces la referencia de Frame a la eternidad muestra que no entiende la diferencia entre la eternidad y el "cielo creado" de lo supratemporal. Dooyeweerd no piensa que el hombre sea eterno. El segundo punto de Frame, aunque bastante descabellado, es interesante y merece una cita más larga.

> El argumento no sólo es inválido, sino también peligroso. Es precisamente este tipo de argumento el que se ha utilizado a lo largo de la historia del pensamiento para romper la distinción creador-criatura. Una y otra vez, filósofos como Plotino, Juan Escoto Erígena, Tomás de Aquino y otros han argumentado que no podemos conocer realmente a Dios ni tener relacion con Dios a menos que compartamos algún tipo de ser común, algunos atributos comunes con Él.... Este tipo de argumento yace detrás de la idea de la "gran cadena del ser" que se encuentra en la filosofía griega (especialmente en el neoplatonismo), en el gnosticismo y en mucho pensamiento actual.[45]

Junto a esto, una cita de Friesen resulta esclarecedora.

---

[44]   Frame, *Crítica*, pág. 61.
[45]   Frame, *Crítica*, págs. 61, 62.

Stellingwerff define el gnosticismo como el descenso de lo divino al hombre y el misticismo como el ascenso a Dios, y encuentra ambas cosas en Kuyper. En mi opinión, ambos son una simplificación excesiva. El gnosticismo veía el mundo temporal como algo de lo que necesitamos escapar; Dooyeweerd (y Baader) se oponían a cualquier huida espiritualista. Koslowski ha demostrado que la teosofía de Baader no era gnóstica. Dooyeweerd tampoco creía en una identidad con Dios; su misticismo era el del panenteísmo, y la participación en Dios.[46]

Así que, aunque Frame se equivocó de argumento, pensando que Dooyeweerd decía que el yo es eterno, sí captó la dirección en la que iba Dooyeweerd.

Frame considera a continuación el conocimiento de Dios dentro del marco reformacional. "No es un conocimiento teorético 'conceptual', ni parece ser una forma de experiencia ingenua". Si Frame lo hubiera notado, estaría respondiendo a sus propias objeciones a la idea de Spier de que el hombre debe relacionarse con Dios en lo supratemporal. A continuación, Frame observa que Dooyeweerd "se opone firmemente a la afirmación de Van Til de que un filósofo cristiano debe someterse al 'contenido de pensamiento' de la Escritura. A veces, esta oposición parece basarse en un malentendido de Van Til, a saber, que Van Til hace el conocimiento de Dios 'teorético' en el sentido estricto de 'teorético' que entiende Dooyeweerd".[47]

Seamos claros al respecto. Dooyeweerd había desarrollado un modelo de crítica del pensamiento de las filosofías y culturas según el cual éstas tomaban alguna de las esferas modales temporales como punto de partida de su explicación de las cosas, y de este modo las absolutizaban, dando lugar a antinomias en las que las cosas de otras esferas modales quedaban reducidas a la modalidad explicativa básica. Esta manera de hacer las cosas, de empezar en el lugar equivocado, fue llamada por Dooyeweerd "pensamiento autónomo". A los diferentes esquemas según los cuales se hacía esto los denominó los apóstatas motivos fundamentales. De los tres más importantes, uno era el motivo fundamental escolástico naturaleza/gracia.

---

[46] J. Glenn Friesen, *Two Paths*, pág. 155, nota 110. Cita a Johan Stellingwerff, *De VU na Kuyper* (Kampen: J.H. Kok, 1987) págs. 50, 53, y a Peter Koslowski, *Philosophien der Offenbarung. Antiker Gnostizismus, Franz von Baader, Schelling*, (Viena: Ferdinand Schöningh, 2001).

[47] Frame, *Crítica*, pág. 63.

Van Til adoptó este análisis del motivo fundamental como método para su propia apologética, aunque rechazó el modelo de esferas supratemporales frente a temporales en el que se basaba. Lo discute en su programa de clases de 1954.[48] Por supuesto, esto presentaba un problema, porque la dogmática reformada se desarrolló utilizando la teología escolástica, como han venido subrayando publicaciones recientes.[49] Van Til quería abstenerse arbitrariamente de aplicar su método adoptado a su propia tradición. Frame piensa de la misma manera, a la vista de sus comentarios sobre los estudiantes "bastante arrogantes" de Westminster que lo señalaron. Dooyeweerd indicó que el propio Van Til era racionalista y escolástico en su método, según este análisis de motivo fundamental. Divertidamente, en la misma página donde Frame se queja de que Dooyeweerd criticó a Van Til, Frame tiene una nota a pie de página donde critica a un tal Peter J. Steen por no haberse "purgado adecuadamente de esos 'restos de escolasticismo' que permanecen en su propio pensamiento."

Podemos aclarar las cosas introduciendo la distinción trascendencia/inmanencia. Dooyeweerd caracterizó las filosofías construidas sobre motivos fundamentales apóstatas como filosofías de inmanencia. ¿Con respecto a qué eran inmanentes y qué las trascendía? Eran filosofías que explicaban las cosas en términos de lo temporal. Dejaban de lado lo supratemporal que trasciende lo temporal. De la misma manera, lo eterno trasciende lo supratemporal, así que comparado tanto con lo supratemporal como con lo temporal, lo eterno es trascendente.

¿Cómo consigue una filosofía salir de la subjetividad para incluir lo trascendente? Según Dooyeweerd vivimos en lo trascendente, ya que el yo es supratemporal y es la fuente de nuestra experiencia temporal. Hay dos tipos de experiencia, la supratemporal y la temporal. El problema es que esta parte supratemporal se experimenta de un

---

[48]   Cornelius Van Til, *A Christian Theory of Knowledge* (Westminster Seminary syllabus, 1954) págs. 32, 33.

[49]   Por ejemplo, las diversas publicaciones de Richard A. Muller, especialmente *Post-Reformation Reformed Dogmatics* (Grand Rapids: Baker Academic, varias ediciones), Stephen J. Grabill, *Rediscovering the Natural Law in Reformed Theological Ethics* (Grand Rapids: Wm. B. Eerdmans Publishing Co, 2006), y J. V. Fesko, *Reforming Apologetics: Retrieving the Classical Reformed Approach to Defending the Faith* (Grand Rapids: Baker Academic, 2019).

modo no teórico. Van Til afirmaba que hay dos tipos de experiencia, la revelación y la experiencia del mundo. El problema es que como la verdad, el sentido y la lógica de Dios son inaccesibles porque se requiere una mente infinita para tenerlos, la revelación sólo puede llegarnos en la forma de inmanencia del lenguaje humano.

Dooyeweerd dijo que la revelación se experimentaba en lo supratemporal, y la dejó ahí. Por lo tanto, era racionalista y autónomo tratarla como proposicional y hacer un sistema de deducciones teológicas a partir de ella. Van Til dijo que la revelación era proposicional (más o menos), pero como representaba los pensamientos de Dios y los significados de Dios relacionados por la lógica de Dios, era pensamiento racionalista y autónomo hacer un sistema de deducciones teológicas a partir de ella.

> Hemos afirmado repetidamente que los hechos del universo son lo que son porque expresan conjuntamente el sistema de verdad revelado en la Biblia. Pero el punto a señalar ahora es que lo que se quiere decir con la idea de verdad tal como se encuentra en la Escritura no significa un sistema lógicamente penetrable. Sólo Dios se conoce a sí mismo y conoce exhaustivamente todas las cosas del universo creado. Se ha revelado al hombre. Pero no se ha revelado exhaustivamente al hombre.... El hombre no tiene capacidad para una revelación tan exhaustiva. Y Dios se revela al hombre según la capacidad del hombre para recibir su revelación. Toda revelación es antropomórfica.... Ni por razonamiento lógico ni por intuición puede el hombre hacer más que tomar para sí la revelación de Dios con la autoridad de Dios.... Toda la revelación de Dios apunta al Dios autocontenido. Este Dios autocontenido hace que cada hecho sea lo que es. Y, por consiguiente, el estudio que el hombre hace de cada hecho, su comprensión de cualquier hecho, es una comprensión de algo de los caminos de Dios. El sistema de verdad del hombre, incluso cuando se formula en subordinación directa y autoconsciente a la revelación del sistema de verdad contenido en la Escritura, no es por tanto un sistema deductivo. Dios tiene en sí mismo la verdad absoluta....

> Pero el punto principal a destacar aquí es que el sistema de la verdad, tal como el cristiano lo concibe tal como se encuentra en las Escrituras, es un sistema analógico. Para ser fiel al sistema de la verdad tal como se encuentra en la Escritura, uno no debe tomar una doctrina y deducir de ella por medio de un procedimiento silogístico lo que cree que se sigue de ella. Por el contrario, hay que reunir todos los hechos y todas las enseñanzas de la Escritura y ordenarlos lo mejor posible, teniendo

siempre presente que ese ordenamiento es el ordenamiento de la revelación de Dios, que nunca es plenamente comprensible para el hombre.

En la Confesión de Fe de Westminster se afirma que es verdad aquello
que por buena y necesaria consecuencia puede deducirse de las Escrituras. Esto no debe utilizarse como justificación de la exégesis deductiva.[50]

Para entender esto plenamente, hay que tomarlo con la teoría del
significado de Van Til. Van Til se formó como idealista, y no hay indicios de que cuestionara nunca la teoría idealista del significado. El
significado de algo es la totalidad de sus relaciones con todo lo demás.
Eso encaja con el idealismo que ancla todo en el Absoluto. Para Van
Til, ¿quién podría conocer la totalidad de las relaciones de las cosas?
Sólo Dios, y Van Til es explícito sobre la sustitución de Dios por el
Absoluto en el lugar que ocupa para la explicación de la realidad.[51] Así,
mientras que Dios posee la verdad y el sentido, esto no es posible para
el hombre. Lo que el hombre tiene Van Til lo llama analogía. Esto no
sólo ocurre con el significado de los términos, sino también con la
lógica, que no es la misma que la lógica de Dios. Por eso es inadmisi-
ble utilizar la lógica en teología (excepto cuando lo es). Este problema, y Frame lo llama problema, lo explica él mejor que nadie.[52] No
existe un criterio sobre cuándo y cuándo no utilizar la lógica.

Cuando Van Til argumenta a favor de su teoría de la analogía, diciendo que Dios no se revela exhaustivamente al hombre, parece una
evasiva, ya que sólo está afirmando aquello en lo que los demás están
de acuerdo de todos modos, como si afectara a la cuestión de si lo que
Dios reveló es cierto, y por tanto puede ser tratado como verdad en
el razonamiento. Pero en el mundo idealista de Van Til, el conocimiento exhaustivo es el único verdadero, o como Van Til lo llama a

---

[50]   Cornelius Van Til, *A Christian Theory of Knowledge* (Westminster Seminary syllabus, 1954), págs. 22, 23.

[51]   Fue un punto importante de su disertación doctoral, en la que inten-
tó demostrar, mediante un argumento trascendental, que Dios cumpliría el
papel en el que fracasó el Absoluto, es decir, dar cuenta de la naturaleza temporal de la experiencia.

[52]   John M. Frame, "The Problem of Theological Paradox", *Foundations
of Christian Scholarship: Essays in the Van Til Perspective*, ed., Gary North (Vallecito, Calif.: Ross House Books, 1976).

menudo, el conocimiento absoluto. Desde la perspectiva de Van Til, esto es relevante para el argumento, pero no explica su idealismo, ya que no parece ocurrírsele que exista otro punto de vista del sentido.

En la presente obra, sin embargo, Frame dice: "Sin duda el conocimiento de Dios es más que el conocimiento de fórmulas verbales, pero ciertamente no excluye tales fórmulas. Sin duda, en un sentido en el que Dios también es incomprensible, en el que nuestro conocimiento de Él no es exhaustivo; pero la Escritura siempre asume que es posible tener un conocimiento verdadero de Dios que se puede expresar en un lenguaje verdadero."[53] Gordon Clark también pensaba así, y por eso Van Til le hizo echar de la Iglesia Presbiteriana Ortodoxa. Frame dice: "No estamos diciendo que Dooyeweerd enseñe el concepto de Dios desconocido; pero está claro que no se protege adecuadamente contra él." Lo mismo ocurre con Van Til. Lo que Van Til enseñaba era que tenemos revelación verbal, pero como nunca conocemos del todo el significado de los términos, nunca sabemos del todo qué proposiciones afirman las expresiones verbales. E incluso si lo supiéramos, nunca sabríamos lo que implican, así que en ese sentido, tampoco sabríamos el significado. Así pues, tenemos revelación verbal, pero no proposicional.

La sección 7 trata de la **ley**. Como Dooyeweerd era profesor de derecho y jurisprudencia en la Universidad Libre, y no de filosofía, debemos preguntarnos si se refiere a la ley en el sentido de las estructuras-ley de la experiencia modal (que dieron a la filosofía el nombre de "Cosmonómica") o si se refiere al derecho jurídico. Tengo la impresión de que Frame no se planteó esta cuestión antes de empezar a escribir sobre la visión de la ley de Dooyeweerd. Comienza citando que "la ley es el límite entre Dios y el cosmos", lo que parece sugerir el concepto modal, y procede a reflexionar sobre cómo Dios está por encima de las leyes, pero que éstas son "coherentes con su carácter", por lo que actuaría de acuerdo con ellas de todos modos. Pero en realidad Frame cita la frase de Spier.[54] Según punto (3) en la lista de Friesen de las principales diferencias entre Vollenhoven y Dooyeweerd, fue Vollenhoven quien sostuvo esto. Inmediatamente después Frame expone cómo las leyes modales regulan cada esfera.

Podemos, por supuesto, esperar un problema en este ámbito. Las

---

[53]   Frame, *Crítica*, pág. 65.
[54]   Frame, *Crítica*, pág. 69.

esferas modales se rigen por estructuras-ley que adquieren en el momento nuclear dentro de lo supratemporal. Pero una de las esferas modales es la jural. Si eso es temporal, debe ser ley en otro sentido. Frame especula que "la ley, como Dios y el yo, parece, en primer lugar, una realidad supratemporal que es 'refractada' por el prisma del tiempo en una gran diversidad de preceptos específicos".[55] Lo que parece tener en mente es que las estructuras-ley de una modalidad adquieren cierto detalle dentro de la esfera modal particular, y es eso que Verbrugge sugiere que estudia la ciencia. Anteriormente vimos cómo los dooyeweerdianos confunden las "leyes" en el sentido de las modalidades de la conciencia con la descripción científica del mundo físico.

A continuación, Frame contrasta la ley en Dooyeweerd con la ley en la Biblia, donde vuelve a fallar a la hora de hacer distinciones. En la Biblia, la ley es la Palabra de Dios, y la Palabra de Dios es Dios. ¿Y la ley de la gravedad? ¿Es Dios? Frame dice "En otras palabras, la ley de Dios no es una maquinaria creada en el universo que media entre Dios y el hombre.... La Ley es hablada por Dios, no creada por Él."[56] Frame no hace ningún esfuerzo por distinguir varios significados de ley, ni en su propia mente ni en la teoría de Dooyeweerd.

En la sección 8, Frame aborda la Escritura. Por supuesto, no ha sido posible posponer el tema y ya ha surgido antes, pero ahora puede abordarlo de forma más concentrada. Dice que es el tema más importante. Y añade: "Mucho se dice en la literatura sobre el carácter radicalmente bíblico de esta filosofía y, como hemos indicado anteriormente, gran parte del atractivo inicial de esta filosofía para los cristianos descansa en su pretensión de relacionar la Escritura con todos los ámbitos de la vida."[57] Lo mismo puede decirse del Van Tillianismo.[58]

A continuación, Frame describe el motivo fundamental de las Escrituras, citando a *Crepúsculo,* el "tema radical, central y bíblico de la creación, la caída en el pecado y la redención de Jesucristo como Ver-

---

[55]   Frame, *Crítica*, págs. 69, 70.

[56]   Frame, *Crítica*, pág. 72.

[57]   Frame, *Crítica*, pág. 77.

[58]   Véase, por ejemplo, Thomas Schultz, "VII: Presuppositionalism and Philosophy in the Academy", *Without Excuse: Scripture, Reason, and Presuppositional Apologetics*, ed. David Haines (Leesburg, Virginia: The Devenant Pess, 2020, pág. 155.

bo de Dios encarnado de Dios, en la comunión del Espíritu Santo". Dedica algún tiempo a preguntarse qué puede significar esto en la filosofía reformacional, ya que no se refiere a las doctrinas eclesiásticas. Frame también se pregunta por el corazón. Esto es distinto del "aspecto de la fe" modal en que la orientación del corazón afecta a todo, y el aspecto de la fe se refiere a las prácticas cúlticas y eclesiásticas de "asistir a la iglesia, participar en la oración o participar en los sacramentos". (Cita esto de Spier.)[59]

La solución es realmente sencilla. El corazón es otro nombre para el yo supratemporal,[60] y la creación, la caída y la redención en lo supratemporal no son los acontecimientos temporales de los relatos del Génesis. Las estructuras de individualidad temporal no tienen existencia aparte del conocedor humano supratemporal, y sin embargo en el Génesis la creación del mundo precede a la creación del hombre. No son la misma cosa.

Hay, sin embargo, otro punto que Frame quiere descifrar. Para "algunos miembros de la escuela de Ámsterdam", no dice cuáles, la Escritura "es una 'positivización' de las normas de fe para un grupo particular de situaciones". Esto ocurre en la modalidad del aspecto de fe (pístico). Frame se opone, por supuesto, a esta restricción a la aplicación de la Escritura. "Debemos rechazar la opinión de que la Biblia habla directamente sólo de este aspecto de la fe. La propia Escritura no contiene ningún indicio de tal limitación en su relevancia para la vida humana." Frame sigue con una observación incisiva.

He aquí una de las sorprendentes paradojas de la filosofía de Ámsterdam. Muchos de nosotros fuimos primeramente atraídos al movimiento por su promesa de "abrir" las Escrituras, de mostrar su relevancia, no sólo para nuestras actividades dominicales de la "iglesia", sino para todos las áreas de nuestra vida cotidiana. Sin embargo, cuanto más se estudia el movimiento, más uno descubre hasta qué punto esta filosofía "cierra" las Escrituras, y la medida en qué realmente las convierte en una cosa del "dominigo".[61]

---

[59]   Frame, *Crítica*, págs. 83, 84.

[60]   Dooyeweerd tiene ciertos emparejamientos de palabras con la misma referencia, pero que dan mayor o menor tono religioso según lo que Dooyeweerd quiera destacar. Entre ellas están supratemporal/religioso y yo/corazón.

[61]   Frame, *Crítica*, págs. 83, 85.

Sin embargo, al intentar dar sentido a esto, Frame sólo puede establecer comparaciones con la neo-ortodoxia y su teología del encuentro, porque Frame no parte de una visión metafísica de cómo se construye el modelo reformacional.

La siguiente objeción de Frame a la idea de la positivización es que, como positivización de la estructura de la ley modal, "implica que la Escritura no contiene nada que, en principio, no podría haber sido descubierto a través del estudio de la estructura de la ley". Además, es una positivización limitada en el tiempo hecha por el hombre antiguo, y nosotros tenemos que hacer nuestra propia positivización.[62]

En la sección 9, sobre **filosofía y teología**, Frame considera en primer lugar la queja de Dooyeweerd de que el término "teología" se utiliza de forma ambigua para referirse al conocimiento del corazón o al estudio teórico de la doctrina de la Iglesia. Frame dice que como rechaza la dura distinción entre los dos tipos de conocimiento, no tiene ninguna razón para restringir el término totalmente a una u otra categoría.[63] Pero la cuestión es que, a la luz del modelo de Dooyeweerd del conocedor, esa es la consecuencia. Si se rechaza el modelo, la consecuencia no sigue. Frame persiste en pensar que estas cuestiones pueden debatirse sin tener en cuenta la metafísica de la situación del conocedor. Por el contrario, piensa que esta distinción en la idea de la teología es consecuencia de la "visión de Ámsterdam de la Escritura". El planteamiento de Frame puede compararse a argumentar contra las opiniones de Kant sobre diversos puntos sin tener en cuenta la distinción de Kant entre lo nouménico y lo fenoménico, y las limitaciones del conocimiento fenoménico.

Lo mismo ocurre con la idea de filosofía. De nuevo, Frame dice de "la visión de Ámsterdam", sin señalar si se trata de Dooyeweerd o de Vollenhoven: "La filosofía es aquella ciencia que muestra las relaciones entre todas las demás ciencias. La filosofía da una comovisión total que muestra los límites del conocimiento humano, los límites de cada ciencia y la estructura general del universo. El filósofo, por tanto, tiene el derecho a decirle al teólogo lo que puede o no puede hacer."[64] Pero, ¿por qué? Porque la filosofía aplica el modelo metafísico, revelando dónde se originan y qué son los diversos tipos de conoci-

---

[62]   Frame, *Crítica*, pág. 89.
[63]   Frame, *Crítica*, págs. 93, 94.
[64]   Frame, *Crítica*, pág. 97.

miento. Frame debería entender esto. Van Til siempre estaba hablando de cómo Kant hacía esto, es decir, aplicar un marco metafísico al conocimiento y cómo eso hacía imposible el cristianismo, siempre y cuando se aceptaran lo que Van Til consideraba las premisas básicas de Kant. Y luego Van Til se dio la vuelta e hizo lo mismo, como citamos anteriormente, diciéndole al teólogo que no puede construir una teología deductiva a partir de la exégesis de las Escrituras *porque eso no está permitido en la filosofía idealista del significado de Van Til*. Una vez más, este uso de un modelo metafísico para restringir el conocimiento posible es la mayor y persistente crítica que Van Til hace a la filosofía y teología de los siglos XIX y XX, y Van Til dice que es una consecuencia necesaria. Luego Van Til practica la misma jugada, aunque con un modelo diferente y consecuencias diferentes, aplicando su modelo al conocimiento posible. Como vantillano, Frame conoce esta maniobra.

En la sección 10 sobre **la ciencia,** Frame se da cuenta de que este concepto de ciencia está orientado filosóficamente, pero en lugar de darse cuenta de que esto crea una visión antigua y medieval (de hecho, tomista-escolástica) de la ciencia, se queja de que no está orientada por las Escrituras y saca a relucir la evolución como único problema. Friesen dice que la filosofía de Vollenhoven se utiliza con frecuencia para defender la ciencia creacionista, mientras que Dooyeweerd repudió la ciencia creacionista.[65] A continuación, en la sección 11 sobre **educación**, encuentra un gran impacto de la filosofía reformacional en la fuerte implicación en las escuelas, y su oposición a las normas confesionales, en el sentido de que tal compromiso mezclaría las esferas modales del aspecto de la fe con el analítico perteneciente a las escuelas. Esto parece ser lo principal que impulsó a Frame a escribir su folleto.

En realidad, esto *no es* una implicación de la posición de Dooyeweerd en si misma, porque para él existe la intuición integradora que relaciona los aspectos modales, por lo que no tienen por qué estar separados en su funcionamiento. Pero muestra lo que las personas que se sienten atraídas por la filosofía reformacional quieren conseguir con ella, es decir, la eligieron por razones relacionadas con sus ideas sobre la educación.

Una cuestión similar se plantea sobre la **Iglesia y la sociedad**

---

[65] Friesen, *Two Paths*, pág. 132, nota 104.

(Sección 12), donde la institución eclesiástica se separa tajantemente de otras instituciones en las que funcionan los cristianos. De nuevo, este es el tipo de consecuencia que se extrae si la gente ya quiere ir en esa dirección y dar a la separación una base ideológica. También se podría construir fácilmente la teoría contraria. Sin embargo, Frame pasa por alto un punto clave: que este juego de la institución eclesiástica frente a otras instituciones pierde por completo de vista la idea del Reino de Dios. El paralelismo con Meredith Kline y la teología radical de los dos reinos es sorprendente, aunque ellos trazarían los límites entre lo común y lo cúltico de forma algo diferente, basándose en su teoría de los pactos y no en las modalidades. También para ellos, el Reino desaparece para ser sustituido por los dos pseudo-reinos del mundo de la gracia común y de la iglesia institucional.

El tema de **la evangelización**, en la sección 13, es mucho más complejo. En primer lugar, Frame dice que para el pensamiento reformacional las leyes de las esferas modales son normas, y que quebrantar cualquiera de ellas, como una norma estética, es un pecado contra Dios. En su sección 7, sobre la ley, había citado varias afirmaciones de Spier. Frame interpreta esto como "Por lo tanto es 'pecaminoso' cometer un error de lógica, o no utilizar el inglés más 'apropiado'."[66] Además, la caída del hombre implica la apostasía de todo el mundo temporal. Este asunto está plagado de confusión. Friesen dice que la caída de lo temporal precedió a la creación del hombre. Pero como la creación, en ese sentido, está en lo supratemporal, ¿en qué sentido existe ese antes y ese después? La tradición teosófica en la que se inspira Dooyeweerd ve al hombre como creado con una misión en el reino temporal caído. Lo temporal, al caer, se aleja de lo supratemporal. Esto implica de algún modo la caída del hombre, ya que parece alejar de algún modo la experiencia temporal del hombre del ser supratemporal. Pero se dice que la caída del hombre es el resultado de una alineación errónea de la voluntad. Como resultado, el hombre pierde su propia raíz en lo supratemporal y necesita volver a arraigarse. Este enraizamiento erróneo se manifiesta en lo temporal, en el esfuerzo teórico del hombre, que construye su comprensión a partir de una modalidad temporal, en lugar de hacerlo a partir de lo supratemporal.[67] Pensar de la Caída en términos secuenciales es una forma

---

[66]   Frame, *Crítica*, pág. 75.

[67]   En la tradición teosófica que precedió a la filosofía reformacional, el

temporal de concebirla, que se vuelve confusa al relacionarla con lo supratemporal. Dios creó lo temporal, pero las estructuras de individualidad que se encuentran en lo temporal son el resultado del yo supratemporal del hombre que se expresa en lo temporal. Sin embargo, estas estructuras de individualidad, están relacionadas con las estructuras-ley modales que tienen su momento nuclear en lo supratemporal, y en cierto sentido también son leyes dadas por Dios. ¿Están las leyes también dadas de alguna manera en la creación por Dios del reino temporal? Tal vez no haya una explicación de cómo encaja todo esto.[68]

La implicación para la evangelización indicada por Dooyeweerd, según Frame, es que "el mundo entero está involucrado de alguna manera en el pecado: rocas, árboles, ríos; y especialmente entidades humanas corporativas como familias, escuelas, gobiernos, etc."[69] Como todos ellos están implicados en el pecado, también deben estarlo en la redención. El evangelismo asume entonces la reparación

---

esquema temporal tuvo su máximo desarrollo en el pensamiento de Franz Xaver von Baader (1765-1841). Baader era católico romano y, aunque en un principio fue un ingeniero y químico de gran éxito, llegó a ser catedrático de Filosofía y Teología Especulativa en Munich. Para Baader, existían cuatro niveles en relación con el tiempo: 1) el eterno, el lugar increado del Ser y el Devenir de Dios donde Dios siempre estaba actualizando nuevas posibilidades, 2) el supratemporal, creado para las criaturas inteligentes, el "cielo creado" entre el tiempo y la eternidad, que consiste en el presente, 3) el temporal, o terrenal o cósmico, que tiene tiempo pasado y futuro, pero no presente, y 4) el infratemporal, un tiempo falso con sólo el pasado y que es el reino de lo demoníaco. La Caída supuso una caída de lo temporal desde lo supratemporal hacia lo infratemporal. Esto dio lugar a 1) una especie de alienación en el tiempo entre el presente y el pasado y el futuro, y 2) la aparición de lo demoníaco dentro de lo temporal. Véase: "Franz Xaver von Baader", *Enciclopedia Británica*, 1911, https://theodora.com/encyclopedia/b/franz_xaver_von_baader.html, y Friesen, *Neo_Calvinismo,* págs. 34-41.

[68]   Para un intento de exponer la relación del hombre, la creación y la caída de forma sistemática, véase la sección "2. Primacía de los mitos bíblicos sobre el fundamento u origen", en J. Glenn Friesen, "Imagination, Image of God and Wisdom of God:Theosophical Themes in Dooyeweerd's Philosophy", pp. 42-51. https://www.academia.edu/66647014/Imagination_Image_of_God_and_Wisdom_of_God_Theosophical_Themes_in_Dooyeweerds_Philosophy

[69]   Frame, *Crítica*, pág. 112.

de todas estas cosas. Frame ve esto como la falta de distinción entre el pecado y los efectos del pecado, ya que sólo las personas pueden pecar y ser pecadores, y se refiere a una persona individual, ya que las organizaciones están excluidas de lo personal, en la mente de Frame. Lo mismo ocurre con la fe y el arrepentimiento. En consecuencia, la evangelización "es una categoría exclusivamente personal". Frame dice que es peligroso perder este enfoque personal en estos conceptos.

El evangelismo plantea la cuestión de cómo la filosofía reformacional se dirige a los incrédulos, y por lo tanto también plantea el tema de la **apologética**, cuando la filosofía se relaciona con otras filosofías. Aquí, en la Sección 14, Frame señala:

> El profesor Cornelius Van Til ha sido considerado durante muchos años por muchos como un aliado de la escuela de Ámsterdam. De hecho, Van Til ha apoyado el movimiento de muchas maneras, respaldando gran parte del trabajo de Dooyeweerd, Vollenhoven y los demás. Durante los últimos años, sin embargo, Van Til se ha vuelto mucho más crítico del movimiento de Ámsterdam. Parte de este cambio se ha debido en realidad al surgimiento de "radicales más jóvenes" dentro del movimiento, como Arnold De Graaff y Hendrik Mart. Pero aparte de esto también ha resultado de la relectura mas detallada que Van Til ha hecho de los escritos del propio Dooyeweerd.[70]

Este periodo en el que Van Til apoyó al movimiento antes de anunciar su crítica duró unos treinta y cinco años. La ruptura se produjo casi al final de la carrera de Van Til. Frame subraya el lugar del razonamiento trascendental de Dooyeweerd en la ruptura. Se trata de una "investigación crítica sobre las *condiciones universalmente válidas, que por si solas hacen posible el pensamiento teórico, y que son requeridas por la estructura inmanente de este pensamiento mismo*".[71] (Palabras de Dooyeweerd.) La propia crítica trascendental de Van Til situaba al "Dios trino de la Escritura" como lo único que podía proporcionar las condiciones necesarias. Se opuso a Dooyeweerd por proponer algo diferente, a saber, el esquema de la experiencia temporal, un yo que trasciende el tiempo, etcétera. Finalmente, lo supratemporal, a su vez, requiere un origen, pero Dooyeweerd no permite ir más allá y decir que el origen debe ser Dios. Van Til, según Frame, piensa que esto

---

[70]   Frame, *Crítica*, págs. 115, 116.

[71]   Frame, *Crítica*, pág. 116.

significa que Dooyeweerd permite la autonomía del pensamiento teórico.

Si volvemos a la distinción trascendencia/inmanencia introducida anteriormente, Dooyeweerd llama pensamiento autónomo al pensamiento que parte de lo temporal, y no de lo supratemporal, que lo trasciende. También la denomina filosofía de la inmanencia. Todo esto se basa en la idea, o modelo, que Dooyeweerd tiene del proceso del pensamiento y la experiencia. Él no incluye lo eterno, ya que el yo humano y la experiencia no existen ni tienen lugar allí, por lo que es irrelevante para la cuestión del conocimiento del hombre. Van Til insiste en que el pensamiento teórico debe tomar su punto de partida de Dios, y que excluir lo que trasciende lo creado es la verdadera definición del pensamiento autónomo.

Ahora bien, la definición de Dooyeweerd es funcional, en el sentido de que abarca los dos aspectos en los que él piensa que funciona la experiencia humana, el supratemporal y el temporal. Van Til no está afirmando que el ser humano exista en Dios y que el pensamiento humano comience en Dios (que sería la postura equivalente), sino sólo que la existencia de Dios es la explicación necesaria para la existencia de la experiencia humana. Van Til y Dooyeweerd están pensando en esto de maneras diferentes, y tampoco están usando "autónomo" de la misma manera.[72] Quizás Van Til nunca entendió realmente lo que Dooyeweerd quería decir. Frame tampoco lo entiende.

Frame añade que Van Til también hizo críticas sobre algunos temas en los que Frame hace sus propias objeciones. Estos son, "la *falta de contenido* 'conceptual' de los motivos fundamentales trascendentales de Dooyeweerd"[73] (creo que se refiere al esquema de la creación, caída y redención como supratemporal) y el yo supratemporal como origen de la experiencia. También podría haber mencionado el punto

---

[72] Para profundizar en esta confusión, véase: Tim Wilder, *Teosofía, Van Til y Bahnsen* (Rapid City: Via Moderna Books, 2023), donde sostengo que el pensamiento presuposicional de Van Til y otros posteriores están sumidos en la confusión resultante de tomar conceptos de Dooyeweerd que no funcionan ausentes de su modelo, y mezclar algunos supuestos del trasfondo idealista de Van Til, así como cuestiones posteriores cuando Greg Bahnsen comenzó a mezclar ideas analíticas sobre la creencia justificada.

[73] No encuentro sendito en la manera que esta frace fue traducida en *Crítica*.

de vista de Dooyeweerd sobre las Escrituras. Frame concluye su discusión resumiendo los fracasos de la filosofía reformacional en catorce puntos.

OTROS ESCRITOS DE JOHN FRAME

El sitio Tri-Perspectival Theology, frame-pothress.org, tiene un archivo que recoge varios artículos breves de John Frame sobre las filosofías reformacionales. Bajo el título general de "Dooyeweerd and the Word of God" (Dooyeweerd y la Palabra de Dios), trata sobre todo de las visiones reformacionales de la revelación.

La Palabra de Dios en la filosofía cosmonómica

Frame trata el tema en dos partes.[74] La primera parte se titula La Palabra como acontecimiento. Aquí adopta un punto de vista muy parecido al de su Sección 8 sobre la Escritura en su *Crítica a la filosofía reformacional*. Es decir, lo asimila a su concepción de la neo-ortodoxia. Podemos comparar estos dos puntos de vista como respuestas al impacto del idealismo poskantiano. La neo-ortodoxia se basó en el existencialismo para centrarse en un "encuentro", el "acontecimiento de Cristo", etc., y en una revelación personal pero no proposicional. Esta revelación estaba de alguna manera en la Biblia, pero no eran las proposiciones de la Biblia. Con la filosofía reformacional encontramos un enfoque basado en la fenomenología de la experiencia, por lo que es más filosófica. Sin embargo, no desdeña en absoluto el nombre de "religiosa". Hay quienes prefieren encontrar un énfasis en un lado más existencial de Dooyeweerd. Por ejemplo, J. Glenn Friesen escribe extensamente sobre esto, para irritación de los dooyeweerdianos "oficiales" que intentan poner un rostro ortodoxo a su filosofía.

Lo que Frame observa en primer lugar es un dualismo entre este compromiso existencial del corazón con la revelación y los mandatos específicos de las Escrituras sobre diversos aspectos de la vida, "reglas para esto y aquello". Frame considera que esto resulta de tratar la revelación como un *acontecimiento, un proceso*". Pero, debemos recordar

---

[74] Las dos partes aparecieron originalmente como un artículo en dos partes en *The Presbyterian Guardian*, oct. 1972, pp. 124-125, y nov. 1972, 140-142.

que para Dooyeweerd es supratemporal, por lo que los términos "acontecimiento" y "proceso" que entendemos temporalmente son engañosos en ese contexto. A continuación Frame menciona una caracterización alternativa de la revelación como poder. Se opone a este énfasis, en el sentido de que en la Biblia la revelación es lenguaje, y los efectos de la revelación, el "poder", son el resultado del lenguaje, es decir, los significados. Pero éste no es en absoluto el sentido que Dooyeweerd da a la revelación, por lo que el problema no es, como lo plantea Frame, una cuestión de énfasis equivocado dentro de dos aspectos, sino de hablar de cosas diferentes utilizando el mismo término.

Frame se acerca a esto en su siguiente punto, que "en el punto de vista cosmonómico" la "palabra" no puede ser "analizada teóricamente". Enumera varios puntos, esencialmente lo que también dice en la *Crítica*, que son todos al efecto de por qué esta afirmación es irrazonable e inverosímil dentro del mundo de la revelación proposicional de Frame. Se niega, o no reconoce la necesidad, de entrar en el marco reformacional para tratar su idea de "revelación".

Frame dice a continuación que, aunque la filosofía reformacional piensa que la palabra "no puede ser analizada teóricamente, sí creen que puede ser *caracterizada*", y luego instancia el esquema creación, caída en pecado y redención". Este, recordemos, es uno de los motivos fundamentales de Dooyeweerd, y el que él piensa que es el Bíblico y correcto. Pero esto es supratemporal, no eventos en la historia.

En la segunda parte de su artículo, Frame pasa a las "Formas de la Palabra". Aquí propone centrarse en los *medios* de revelación: "el mundo creado, los profetas, los apóstoles, la Escritura escrita". Recordemos que, para Dooyeweerd, la revelación es un ser que se expresa de un nivel superior a un nivel inferior. Dios se expresa de lo eterno a lo creado. Esto es lo que es la creación. Puesto que el mundo creado es la expresión de Dios, entonces la perspectiva teosófica, que consiste en intentar comprender a Dios a partir de su expresión en el cosmos, encuentra su apoyo. El hombre, como imagen de Dios, se expresa desde lo supratemporal en lo temporal. Esto también es revelación.

De los medios de comunicación, dice Frame, éstos "son, después de todo, cosas *creadas* (excepto, presumiblemente, Cristo en su naturaleza divina), y por lo tanto apuntan más allá de sí mismos a Dios que habla a través de ellos, y a otros elementos en el 'proceso'".

Frame explica entonces que, como estas formas de la palabra forman parte de la "palabra como acontecimiento", entonces "en un sentido real esas formas *son* la palabra". Pero, para Dooyeweerd, en un sentido real, nunca experimentamos otra cosa que la revelación. Como la creación es la expresión de Dios, y la expresión es revelación, todo lo que puede experimentarse es revelación. Los pensadores reformados están acostumbrados a pensar en la revelación de Dios *en* la naturaleza. Esto es la naturaleza *como* revelación.

Frame aborda esto en términos de palabra-ley en la creación, diciendo lo que también dijo en su *Crítica a la filosofía reformacional*. Luego pasa a la Escritura, de la que dice que, como la Escritura es un artefacto en el tiempo y el espacio, puede estudiarse teóricamente. Debemos señalar que, al igual que el pensamiento reformado tiene sus categorías de revelación general y especial, el pensamiento reformacional tiene algún tipo de distinción entre el sentido en el que todo es revelación y el sentido en el que hay una revelación supratemporal escritural. El intento de tratar esto a la manera de Frame como un artefacto temporal que hay que estudiar para *deducir teología* es, para Dooyeweerd, escolasticismo. Por supuesto, existe la teoría especial de la positivización, ya discutida, que limita su uso de la Escritura a la modalidad de la fe.

En lo esencial, este artículo se limita a repetir lo que figura en el folleto *Crítica a la filosofía reformacional,* y su utilidad estriba en obtener una reformulación de algunas cuestiones si se considera que la otra exposición no es suficientemente clara.

¿QUÉ ES LA PALABRA DE DIOS?

Se trata de un resumen de una ponencia de una conferencia que fue un compromiso con algunas personas de la Association for the Advancement of Christian Scholarship (AACS). Advierte: "El resumen ha sido realizado por el editor de *The Guardian* y él debe ser considerado responsable de cualquier expresión desafortunada en él."

Una de esas expresiones desafortunadas es la siguiente. "Pero la Palabra en *la Escritura es Dios venido en forma humana;* es una encarnación. La Biblia es *a la* vez Creador y criatura, como Jesús es a la vez Dios y hombre". Esto confunde la Biblia con la encarnación.

En general, este escrito expresa las ideas de Frame, y no se refiere a lo que él pensaba de la filosofía reformacional, sino que es lo que él pensaba que esas personas necesitaban oír.

Respuesta al Prof. Zylstra

Aquí Frame responde a un artículo de Bernard Zylstra que escribía como miembro de la (AACS). Aunque no está fechado, Frame menciona que en este momento lleva cuatro o cinco años haciendo críticas al respecto. De nuevo surge la cuestión de la comprensión que Frame tenía del movimiento: "mis argumentos fueron respondidos con réplicas gnósticas ("usted no entiende") e incluso con ataques gratuitos a mi persona". Frame analiza el artículo de Zylstra bajo tres epígrafes.

El primero es la relación de la ley con Dios. Comienza con una cita de Zylstra.

> En este folleto, Frame plantea la pregunta fundamental: ¿Cuál es la relación de la ley con Dios? Antes de responder a esta pregunta formula el marco de referencia dentro del cual puede darse la respuesta: "Las Escrituras enseñan que Dios es creador, el mundo es su criatura, y que no hay nada intermedio, ni de tercera categoría" (p. 29). Aquí, sostenemos, Frame se aparta de la enseñanza de la Biblia, que postula claramente una "tercera categoría", a saber, la ley del Creador para la creación, los estatutos, ordenanzas y palabras que la criatura debe obedecer y cumplir. La ausencia de esta "tercera categoría" en la concepción de Frame hace que le resulte extremadamente difícil entender la Biblia a este respecto, como veremos más adelante.

Lo que más llama la atención de la discusión de Frame sobre la ley en su *Crítica a la filosofía reformacional* es la naturaleza simplista y biblicista de su enfoque. Y esto no se debe solo a que ignore algunos aspectos de la teoría reformacional, ya que la teología cristiana ha debatido durante mucho tiempo cómo entender la ley de Dios en términos del orden de su creación. La relación entre la libertad soberana de Dios, el orden establecido en la creación y la voluntad prescriptiva de Dios se debatió desde el siglo XI hasta el teólogo puritano William Ames, y este debate se analiza en las obras del medievalista Francis Oakley. Estos puntos de vista no son en absoluto reducibles a los de Tomás de Aquino. Un resumen de la historia de Oakley se encuentra en el Apéndice I de *Conocimiento Dividido: Van Til y la Apologética Tra-*

dicional[75] Frame quizá piense que Van Til ha barrido con toda esa reflexión filosófica y teológica y también con la necesidad de ella. Otros (por ejemplo, Gary North) pensaban que Van Til había dejado un enorme hueco en su pensamiento en el ámbito del derecho. El intento de Frame de escurrir el bulto diciendo que la ley es simplemente Dios hablando parece una reducción chocante.

Frame, por una vez, adopta un punto de vista metafísico y dice que existe Dios, la creación y nada más. Así que cualquier cosa, por ejemplo, la ley debe ser una cosa o la otra.

> Ahora bien, ¿qué ocurre con la "ley"? ¿Es la ley creador o criatura? Bueno, eso es fácil. La ley es la palabra de Dios por la que fueron hechas todas las cosas (Gn. 1:3, Salm. 33:6, Jn. 1:1-3, Heb. 11:3, II Pe. 3:5). La ley tiene atributos divinos (Sal. 19:4-9, 119:89, 160, etc.) Obedecer la ley es obedecer a Dios; desobedecer la ley es desobedecer a Dios. La ley de Dios, la Palabra de Dios, es Dios mismo (Juan 1:1).

Entonces, ¿qué son todas esas ordenanzas mosaicas? Hay mandamientos para hacer purificaciones rituales, sacrificios, ayunos, etc. ¿Son estos mandamientos Dios? Si Dios no cambia, ¿cómo pueden cambiar estos mandamientos? La estupidez de la propuesta de Frame es evidente. Por supuesto, si él diera una respuesta diferente tendría novecientos años de argumentos y distinciones a tener en cuenta. Pero Frame insiste en que cualquier otra respuesta que no sea la suya crea un mediador semidivino entre Dios y el hombre.

Existe una tradición teológica que va en esta dirección. Considera que la justicia sólo se realiza verdaderamente en Dios y sólo se manifiesta en la tierra en Cristo, y sólo se alcanza escatológicamente. Se trata del cristocentrismo barthiano, y un ejemplo de ello (tras un largo análisis de la propia ley) se encuentra en *El Fundamento Teológico del Derecho* de Jacques Ellul.[76] Esta parece ser la opción abierta para el desarrollo teológico desde la posición de Frame, pero por supuesto no una que él estaría dispuesto a tomar.

Los defectos de la posición de Frame no implican que Zylstra tenga razón al hacer una tercera categoría ontológica. Parece haber caído

---

[75]   Tim Wilder, *Conocimiento dividido: Van Til y la Apologética Tradicional* (Rapid City: Via Moderna Books, 2023).

[76]   Jacques Ellul, *El Fundamento Teológico del Derecho,* en linea, . Disponible en línea. http://www.contra-mundum.org/index_htm_files/Ellul_FundTheoDerecho.pdf

en una trampa lingüística al no considerar lo que estaba diciendo. Zylstra está tomando la ley en un sentido muy amplio incluyendo las leyes para la creación así como los mandamientos de Dios. Ahora bien, si la ley es Dios, y si este sentido amplio de la ley es aceptado por Frame, como parece ser, entonces la forma actual de la creación expresa la naturaleza de Dios, no su libre elección, y es en sí misma necesaria. Este es el punto de vista de Averroes, que los medievales, al menos, consideraban herético. (He argumentado que los Van Tillianos tienden en esta dirección de Averroes.[77] Es inherente a la forma en que funciona su argumento trascendental, ya que las características del mundo deben requerir algo en Dios que las explique. Este era un punto de diferencia entre Van Til y Dooyeweerd, según el cual el razonamiento trascendental no puede ir más allá de la idea del Origen.)

En el segundo título, Frame dice

> "Palabra de Dios" en la Biblia puede entenderse como una especie de "comunicación lingüística". El profesor Zylstra opina que se trata de una visión "reduccionista". Debo decir que estoy totalmente desconcertado. ¿Qué es una "palabra"? Una palabra es una "comunicación lingüística". "Palabra" y "comunicación lingüística" son sinónimos.

Frame viene de decir que la ley es Palabra es Dios. Ahora dice que es sinónimo de comunicación lingüística. Si volvemos al artículo anterior "¿Qué es la Palabra de Dios?", en el punto 2 encontramos esto

> El Verbo no sólo se identifica con Dios, sino que se distingue de Dios (Juan 1:2). Los cielos fueron hechos *por el Verbo,* de modo que el Verbo es un instrumento. Hay una unidad *y una* distinción que no podemos explicar.

> Hay aquí un misterio como el de la Trinidad, un Dios en tres personas.

Así que (recordando que éste era el resumen del editor) nos encontramos con Frame diciendo que Palabra en la Biblia es sinónimo de comunicación lingüística *y* que es un misterio profundo como la Trinidad. No es de extrañar que Zylstra pensara que Frame estaba siendo reduccionista en el primer caso.

Pero Zylstra se basaba en sus propios argumentos, algunos de ellos

---

[77]   Tim Wilder, *Teosofía, Van Til y Bahnsen* (Rapid City: Via Moderna Books, 2023) p. 93.

tontos, como dice Frame, pero también en que la palabra de Dios es
su decreto que gobierna y sostiene todas las cosas. Frame replica con
su propio argumento tonto de que no se puede decir que el poder es
más que el lenguaje porque un presidente puede declarar la guerra.
Como prueba de que Frame llegó a entender mucho más que esto,
véase su discusión en *The Escondido Theology*, pp. 237-241.

La tercera cabeza es donde Frame señala que él no considera que
la Palabra de Dios sea sólo la Biblia. Esto es algo que él dice que debe
seguir repitiendo a la gente reformacional porque parece que no lo
oyen.

TORONTO, LA ORTODOXIA REFORMADA Y LA PALABRA DE DIOS: ¿HACIA DÓNDE A PARTIR DE AHORA?

El último de estos breves artículos trata de un aspecto del debate que
debería ser muy interesante, pero que rara vez se aborda directamente. Frame hace una exposición clara de un fenómeno, en el que este
aspecto hace su aparición.

Mi desconcierto actual se deriva principalmente de una característica
bastante paradójica del "enfoque de Toronto". Por un lado, la retórica
del movimiento sugiere que la AACS está instando a la Iglesia a adoptar
una nueva y apasionante visión de la Palabra de Dios, una visión que,
aunque enseñada en la propia Escritura, ha estado enterrada bajo siglos
de teología racionalista, escolástica y dicotomizadora de la naturaleza y
la gracia, y que ha sido redescubierta recientemente a través de las mo-
numentales energías intelectuales de Dooyeweerd y sus discípulos, li-
berando así a la comunidad cristiana de los grilletes del pasado. Desde
este punto de vista, los villanos contemporáneos son los teólogos reformados ortodoxos que no aprecian estos grandes redescubrimientos de
la AACS y perpetúan así un tradicionalismo que, en el contexto actual,
es contrarreformacional . Semejante retórica enciende los corazones de
los jóvenes fanáticos. Los estudiantes van a conferencias de fin de semana y vuelven preparados para someter toda la tradición teológica a
una "crítica trascendental radical". Sus ministros, padres y profesores
de seminario, por supuesto, son incapaces de entender estas nuevas
ideas: ¿cómo podrían entenderlas, atrapados como están en las cadenas
del pensamiento naturaleza-gracia?

Por otra parte, en al menos tres ocasiones diferentes en las que he presentado lo que consideraba críticas agudas al enfoque de Toronto y he
presentado mi propio punto de vista positivo (que considero bastante

tradicional), personas bastante destacadas de la AACS (Peter J. Steen, James Olthuis, Paul G. Scrotenboer) me han dicho que mis puntos de vista no diferían sustancialmente de los suyos, que de hecho "estaban de acuerdo" conmigo.

Frame dice "A pesar de sus profesiones de 'acuerdo' conmigo, sigo sospechando que discrepamos en algunas cuestiones bastante importantes". Hay, por supuesto, una explicación clara en la que me he basado en mi discusión. Dooyeweerd desarrolló un modelo metafísico que difiere tan radicalmente del cristianismo ortodoxo que la gente no podía comprenderlo. La razón es que iba mucho más allá de lo que podían imaginar que podía salir de la Universidad Libre y del neocalvinismo. Como la gente como Frame seguía respondiendo a lo que ellos construían como su propia visión más razonable de la filosofía, el otro lado vio que seguían perdiendo el punto.

Entonces, ¿por qué la parte reformacional no aclaró las cosas? Creo que la respuesta debe estar en dos direcciones, ninguna de las cuales es muy "agradable". Una es que, al igual que la filosofía francesa moderna, la teología de las Iglesias Reformadas Canadienses[78] y movimientos similares, la oscuridad y la ofuscación forman parte de la filosofía. Se trata de una mistificación esencial. Esto siempre viene acompañado de una cierta dosis de pose. Los portavoces del movimiento "no pueden entender por qué se les malinterpreta" y cuando cualquier crítica se basa en las implicaciones lógicas de la filosofía, entonces los portavoces "no se reconocen en estas críticas". La otra respuesta es que si la gente se da cuenta de todo, entonces desaparecen los puestos de trabajo en las organizaciones confesionales, las donaciones y la influencia.

El resto del artículo de Frame es su reafirmación de su posición sobre la Escritura, esta vez señalando muchos puntos específicos en los que piensa que difiere de lo que dicen los reformacionales o de las implicaciones de lo que dicen. Frame sigue sin entender por qué difieren, sólo en qué difieren, pero sí sabe que lo que tiene que decir aquí es el punto de vista protestante histórico.

---

[78]   Por ejemplo las explicaciones de Theodore Plantinga de la theología de Klaas Schilder.

INFORME DE GRESS

La Crítica de la filosofía reformacional de Frame ha sido emparejada con un ensayo crítico de Cory Gress en la edición en español publicada en México.[79] Titulado "Un informe desde el desierto", en cierto modo constituye una extraña combinación. Gress es pastor en la Iglesia Protestante Reformada (PRC), formado en su seminario. La PRC se separó de la Iglesia Cristiana Reformada por la adopción de la teología de la Gracia Común como dogma oficial de la Iglesia. La PRC se opone radicalmente a la enseñanza de la Gracia Común. La teología y filosofía de Van Til conformaban una ideología que era de Gracia Común hasta la médula, y John Frame siguió a Van Til como el abanderado del Van Tillianismo, hasta que el actual campeón, K. Scott Oliphint, tomó el mando en Westminster. Gress considera que la filosofía reformacional es un fenómeno general de las denominaciones reformadas holandesas, con muy malos efectos, y desea llamar la atención sobre el problema.

Gress define la filosofía reformacional como "un movimiento dentro de la corriente del neocalvinismo para establecer una filosofía cristiana".[80] Dice que la Iglesia Reformada en América (RCA) y la Iglesia Cristiana Reformada han sido el hogar de esta filosofía desde sus comienzos, y señala la dirección liberal en la que se dirigen estas denominaciones. Yo habría dicho que hace tiempo que han llegado. Gress no dice nada sobre la Meca de la rareza, las Iglesias Reformadas Canadienses. Gress señala la aceptación de la homosexualidad, el "matrimonio" homosexual, las mujeres en cargos eclesiásticos, y luego la combinación de ambos con ministras lesbianas en la RCA.

A continuación, Gress afirma que Nicholas Wolterstorff (llamado "Dr. Nicholaus Woltersdorf" en un lugar del texto) "un destacado fi-

---

[79]   Cory Gress, "Un informe desde el desierto", *Crítica a la Filosofía Reformacional* (Villamermosa, Tabasco: Reforma Press, sin fecha). Trabajo a partir de esta traducción al español.

[80]   Gress, pág. 133, nota 93.

lósofo reformacional del Calvin College" dio una conferencia apoyando el matrimonio homosexual.[81] El problema es que Wolterstorff, que se ha trasladado a Yale, no es un filósofo reformacional. De hecho, es todo lo contrario. El resumen de Wikipedia de sus puntos de vista dice:

> Wolterstorff se basa en las ideas del filósofo escocés del sentido común Thomas Reid, que enfocaba el conocimiento "de abajo arriba". En lugar de razonar sobre las condiciones trascendentales del conocimiento, Wolterstorff sugiere que el conocimiento y nuestras facultades de conocer no son el objeto de nuestra investigación, sino que deben considerarse su punto de partida. Rechaza el fundacionalismo clásico y, en su lugar, considera que el conocimiento se basa en percepciones de la realidad que son directas e indubitables. En *Justicia en el amor*, rechaza las nociones fundamentalistas del cristianismo que defienden la necesidad de la expiación penal sustitutoria y la justificación sólo por la fe.

Casi cada punto de esta descripción de su filosofía es un rechazo de un punto importante del dooyeweerdianismo (y también del vanillianismo). Por supuesto, "fundamentalista" en la cita es la forma liberal sarcástica de decir "protestante histórico".

Siguiendo con sus revelaciones sobre las dos denominaciones reformadas, Gress señala que ellas y sus colegios están comprometidos con una visión evolucionista de los orígenes humanos, y luego menciona de nuevo a Wolterstorff por enseñar que los judíos y los musulmanes adoran al mismo Dios que nosotros, pero de manera diferente.

Gress se pregunta entonces la razón de ello y dice que hay más de una respuesta, pero que parte de ella es la influencia del pensamiento reformacional en estas denominaciones. Si el pensamiento reformacional es parte de la respuesta, ¿cuál fue el resto de la respuesta? Si vamos a culpar al pensamiento reformacional, parece importante ver su lugar relativo entre las otras influencias que provocaron estos cambios y también ver dónde hubo cierta sinergia entre estas influencias.

En la época en que estas influencias se hacían notar y eran aceptadas en la Iglesia Cristiana Reformada, resulta que yo era lector de la prensa de la oposición que informaba sobre el progreso del liberalismo en la denominación. Lo más notable fue la campaña para tener mujeres ancianas y las razones para ello. La forma en que se llevó a

---

[81]   Gress, pág. 136.

cabo, por ambas partes, es muy instructiva. La campaña a favor de las mujeres ancianas se basó en la ideología del movimiento a favor de las mujeres sacerdotes en el catolicismo romano y el episcopalismo de la alta iglesia. Las feministas insistían en que las mujeres podían desempeñar el mismo papel que los hombres, por ejemplo, "mostrar la imagen de Cristo" a la congregación. En realidad, a nivel ideológico, no había ningún interés en que las mujeres fueran ancianas reformadas, sino que la cuestión se planteaba en términos del sacerdocio de la alta iglesia. A nivel local, sin embargo, vi algo diferente. Aquí las mujeres señalaron que los hombres no querían ser ancianos, de todos modos, debido a la carga de todo el trabajo que implicaba, mientras que ellas sí querían el trabajo. Pero cuando las mujeres llegaron al liderazgo, lo que querían era ponerse delante de la congregación y ser vistas, y cambiar el tono de todo con sus actuaciones. La teología reformacional en este proceso estaba representada por muy pocas personas, nadie la entendía de todos modos, y no influía en las decisiones. (La excepción puede haber sido en la propia congregación de Norman Shepherd, donde había una presencia reformacional vocal.)

Otra influencia fue la teología de la Nueva Era. De nuevo, era algo que atraía a las mujeres, basado en la afirmación de la religiosidad femenina y en el alejamiento de las ideas y prácticas reformadas. Las mujeres querían un cambio en la religión en doctrina, práctica y estilo. Estaban hartas del viejo modelo.

La teoría reformacional se expresaba sobre todo en relación con la ciencia. Procedentes de Canadá, los reformacionales (de la tradición de Vollenhoven) decían que el Espíritu Santo nos estaba enseñando, a través de su *otro* libro de revelación, a saber, la ciencia, que las nuevas ideas sobre el origen humano, la crianza de los hijos y la organización y las normas políticas y judiciales eran ahora las verdades que debían aceptarse. Incluso en este ámbito, no estaban solos, ya que en el Calvin College estaba Howard J. Van Till, que defendía una visión de la revelación que era esencialmente la misma que la de C. S. Lewis, e intentaba separar el vehículo de la Escritura de su mensaje religioso. Sobre esta base, pensaba que no importaba a la teología si, no sólo el Génesis, sino todo hasta la época de David (basándose en sus ejemplos; no decía que se detuviera ahí) eran sólo cuentos populares con un mensaje religioso.

Frente a esto, la oposición, por lo que pude ver, estaba formada por dos grupos. Uno era el de los laicos que luchaban en la guerra cultural sobre cuestiones concretas que surgían en su ámbito local, y el otro era el de los teólogos eclesiásticos. Estos teólogos eclesiásticos –los dos ejemplos más notables eran Norman Shepherd y Robert Godfrey– defendían la estrecha defensa exegética contra las mujeres ancianas, etc. Sólo los conservadores se preocupaban por la autoridad bíblica. No fue eficaz con el resto de la gente de la iglesia, que quería el cambio por otras razones. Ignorar la nueva mentalidad religiosa que estaba detrás de los cambios no iba a hacer nada. Estos conservadores no podían ver que ignorar la agenda de los defensores del cambio, a quienes no les importaba la gama semántica de las palabras griegas, no era librar la batalla. Shepherd, por supuesto, era famoso por su desviación de la teología reformada en la doctrina de la justificación, y Godfrey mostró su mano cuando más tarde presidió la toma del poder del Seminario Westminster de California por la facción de la teología radical de los dos reinos. Ambos eran profesores de teología eclesiástica inadecuados para librar las batallas culturales.

Pero Gress quiere argumentar que hay algo intrínseco en la filosofía reformacional que lleva a la iglesia en esta dirección. En primer lugar, argumenta la distancia de esta filosofía con respecto a Calvino. Señala el papel de Abraham Kuyper y el neocalvinismo. Además de esto, Dooyeweerd trajo una visión diferente de las Escrituras, es decir, la rebajó, y elevó el lugar de la filosofía, es decir, de la propia importancia de ella.

Gress quiere dejar claro que no tiene la perspectiva de un anabaptista ni desea huir del mundo. Más bien quiere vivir cristianamente en todos los ámbitos de la vida y que esto se enseñe a la gente. Y está de acuerdo con los dooyeweerdianos en que no hay neutralidad. El éxito, sin embargo, depende de la divina Providencia, y esta "influencia" crece y mengua. En cualquier caso, Cristo reúne a su Iglesia y construye su reino. Hasta qué punto lo dice en serio queda claro más adelante, cuando lanza su ataque contra el posmilenialismo. Parece tener la actitud habitual del PRC, según la cual vivir la fe reformada se convierte en una cuestión de fórmulas y moralismos en el aspecto de la fe, además de escuelas cristianas más para evadir la cultura que para influir en ella.[82]

---

[82]   Resulta instructivo leer números antiguos de la publicación del PRC, *The Standard Bearer*, donde los editoriales exponen los escandalosos acontecimientos del Calvin College, donde había interés por la cultura en forma de

A continuación, Grees describe las esferas modales y sus leyes. Estas leyes o normas, según Dooyeweerd, son la palabra de Dios, al igual que las Escrituras son la palabra de Dios. De hecho, las Escrituras son sólo una parte de esta palabra de Dios más fundamental. Las Escrituras son la palabra de Dios con autoridad sólo para una esfera modal. No son declaraciones intencionales de verdad fuera del aspecto de la fe.[83] Por ejemplo, los dias del Genesis no tienen nada que ver con periodos de 24 horas porque las Escrituras solo se ocupan del aspecto de la fe.

Gress caracteriza esto como no usar las Escrituras como una verdad definida, como una lente a través de la cual ver la vida, sino como una vaga inspiración sobre la vida. Esto, dice, lleva a los filósofos reformacionales a poner la filosofía por encima de la teología y a criticar la teología sistemática. Pero, de hecho, dice Gress, debemos saber algo intencionalmente (*"propositivamente"*, pero véase la nota precedente) para ser cristianos. Dooyeweerd califica de "peligrosa" la teología dogmática, que establece el contenido de la Escritura en proposiciones. Pero, de hecho, dice Gress, las Escrituras tienen un sistema de pensamiento racional y coherente y negar esto es negar las Escrituras. Cita el *Crepúsculo* de Dooyeweerd. Pero como esto se publicó en 1960, ¿por qué Van Til y otros en el Seminario de Westminster tardaron otra década en romper con esta enseñanza? ¿No muestra esto que si Gress no está ladrando exactamente al árbol equivocado, está ignorando la arboleda?

Su siguiente punto es que el área unificadora del pensamiento, por ejemplo en las universidades, antes era la teología. Pero ahora el pensamiento reformacional arrincona la teología y cede su antiguo lugar a la filosofía.[84] Esto lleva a dejar de lado también la autoridad de las Escrituras. El pensamiento reformacional dice que la ley moral se encuentra más fundamentalmente en la creación. Sin embargo, ¿no es

---

artes, ¡y los estudiantes incluso representaban obras de teatro! El nombre, irónicamente, se remonta al *De Standaard* de Kuyper, y refleja los orígenes denominacionales del neocalvinismo holandés.

[83]   El texto español dice *"declaraciones propositivas de la verdad"*, pero no estoy seguro de que la traducción, aquí y en el párrafo siguiente, fuera correcta. Tal vez se quería decir "declaraciones proposicionales".

[84]   Con el auge actual de la popularidad del tomismo, es importante considerar hasta qué punto hace lo mismo en forma de teología filosófica.

ésta la visión que Robert Godfrey hizo dominante en Westminster, California? Es la ley natural la que es determinante para la vida, fuera del aspecto de la fe.

Pero Westminster, California estaba muy influido por la teología bíblica de Meredith Kline. ¿Hay alguna conexión con la filosofía reformacional? Nadie dice que la haya, pero podemos notar una amplia similitud. Ambos hablan de un cielo creado. En Kline, éste se convierte en el Registro Superior, del que el cósmico se aleja de algún modo en la caída, de modo que el cielo creado tiene una presencia continua pero no percibida. Para Dooyeweerd, por supuesto, el cielo creado también se denomina supratemporal. La verdadera religión a partir de entonces implica restablecer la relación adecuada entre nuestra existencia en lo temporal y la realidad del cielo creado. La aplicación práctica a la vida temporal fuera del aspecto de la fe también es similar.

La siguiente sección del ensayo de Gress presenta ejemplos de declaraciones de varios filósofos reformacionales. Por desgracia, de nuevo el primer ejemplo es Wolterstorff, que no es un filósofo reformacional. El siguiente es el "teólogo reformacional" James Olthuis, citado de un artículo de William Dennison, "El neocalvinismo holandés y las raíces de la transformación: Un ensayo introductorio".[85] Superficial e inexacto, el artículo es sin embargo interesante en el sentido de que describe un tipo de neo-calvinismo, distinto de lo que él llama el tipo del orden de la creación. Se trata de los "neocalvinistas del shalom", entre los que sitúa a Wolterstorff. Incluso cita un poco de la crítica de Wolterstorff a Dooyeweerd. Dennison señala entonces: "Wolterstorff admite que shalom es una síntesis de ciertos rasgos positivos del kuyperianismo reformado y del marxismo cristiano (teología de la liberación)."[86] Pero no es filosofía reformacional.

Un punto importante que Gress sí recoge de Dennison es la adaptación por parte de los neocalvinistas del orden shalom de la teología de los kuyperianos holandeses del siglo XIX a su visión social. Como señala Dennison, se trataba del socialismo democrático, y en ese sentido hay continuidad con los neocalvinistas del orden shalom de

---

[85]   William Dennison, "Dutch Neo-Calvinism and the Roots for Transformation: An Introductory Essay" https://the-highway.com/neo-calvinism. pdf, pág. 287. Tomado de *JETS*, 42/2 (junio de 1999).

[86]   Dennison, pág. 284.

hoy.[87] Este aspecto escatológico del neocalvinismo no encaja bien con el pesimismo protestante reformado de Gress. En manos de los pensadores reformacionales, la santificación se convierte en transformación cultural. Otra doctrina deformada por el pensamiento reformacional es la elección.

A continuación, Gress hace un llamamiento para que se restablezca la autoridad y la enseñanza bíblicas en la iglesia y para que se imparta una auténtica educación cristiana sobre esa base.

Mi principal problema con el análisis que hace Gress de la teología reformacional es que pone al revés la causa y el efecto. La filosofía reformacional es una filosofía especulativa sobre la naturaleza y el origen de la experiencia fenomenológica. Sus defectos provienen en parte de su modelo tan poco bíblico del hombre, el mundo y su relación con Dios, pero su aplicación no está determinada por la filosofía subyacente, que podría construirse para apoyar casi cualquier punto de vista. Más bien, los filósofos reformacionales la aplican en nombre de lo que ya creen. La filosofía reformacional no es la causa de los problemas en las denominaciones reformadas, sino que se pone al servicio de las desviaciones de la ortodoxia, al igual que se emplean las demás filosofías y teologías de estos liberales. No importaría si sostuvieran la filosofía reformacional, el neocalvinismo shalom, el tomismo, la teología del proceso o cualquier otra cosa, incluso el kuyperianismo. En manos de estas personas, cualquiera de ellas apoyaría los mismos resultados. Estamos, por supuesto, mucho más allá de este punto. La mayoría de estos puntos de vista están siendo atacados desde la perspectiva de los "woke", y el único que tiene muchas posibilidades de pasar es el tipo "shalom", que podría caracterizarse como de los primeros woke.

Ya hemos explicado más arriba cómo la filosofía reformacional se postula como filosofía de la ciencia cuando no es nada de eso, ya que no trata del mundo que explica la ciencia, sino de la aparición de fenómenos en la experiencia subjetiva. Tampoco aporta puntos de vista sobre la sociedad o los acuerdos institucionales, pero por esa razón no refuta los que sus partidarios le atribuyen. Lo que sí hace, sin embargo, es eliminar la autoridad bíblica. Pero también hemos observado que, en la práctica, el Van Tillianismo termina en el mismo lugar.

---

[87] Dennison, pág. 287.

LA CRÍTICA DE GARCÍA A FRAME

Hace cincuenta años, John Frame escribió su *Crítica de la filosofía reformacional* como una respuesta práctica a las actividades agresivas y perturbadoras de los seguidores de esta filosofía. Se trataba en parte de las acciones de los estudiantes de su seminario, donde, francamente, el profesorado se lo tenía merecido, pero sobre todo eran los esfuerzos de los fanáticos de la filosofía reformacional por bloquear el establecimiento de escuelas u otras instituciones distintivamente cristianas y por oponerse a las actividades de las Iglesias y organizaciones paraeclesiásticas que no llevaban a cabo sus actividades de la manera exigida por el pensamiento reformacional.

Ahora, un académico mexicano, Adolfo García de la Sienra Guajardo, ha publicado una respuesta a Frame porque dice que el libro de Frame "ha sido utilizado como caballito de batalla en México por personas poco dispuestas a estudiar seriamente la WdW, y no digamos a argumentar racionalmente."[88] Su nombre preferido para el movimiento es la filosofía de la idea de la ley, que él abrevia del holandés como WdW, aunque dice que es vulgarmente llamada "filosofía reformacional". La prevalencia de este último nombre, sin embargo, se debe a que es el que a la rama de Vollenhoven le gusta usar de sí misma y están extendidos internacional e institucionalmente hasta el punto de marcar la pauta.

García pasa inmediatamente a señalar que "Frame cita a autores que están en desacuerdo con su autor principal, Herman Dooyeweerd, en vez de ceñirse a lo que afirma éste. Esta es mala táctica en filosofía". Este es el mismo punto que hice una y otra vez en mi discusión del libro de Frame, pero Frame no lo sabía. Tenía la impresión de que sólo había una filosofía reformacional. García guarda un silencio total al respecto, como si sólo hubiera existido al principio la

---

[88]   Adolfo García de la Sienra, *Filosofía y teología reformada: Réplica a* The Amsterdam Philosophy *de John M. Frame*, trans. Steve Martens (Niágara, Onterio: Publicaciones Cántaro, 2024) pág. 9.

filosofía de Dooyeweerd y después algunos discípulos que diferían en algunos puntos. De hecho, su sugerencia de que Herman Dooyeweerd fue el autor principal ignora el hecho de que, desde el principio, Vollenhoven estaba creando activamente una filosofía significativamente diferente y, de hecho, de los dos era Vollenhoven el profesor de filosofía en la Universidad Libre. Por qué García no habla de esto sólo se puede especular.

A continuación, aborda la idea del prolegómeno filosófico de la teología. Discute la historia de esto, señalando que durante mucho tiempo en los Países Bajos se basó en el jesuita Suárez. Luego menciona la teología moderna, Karl Barth, y después salta a Escocia, James Orr y, curiosamente, a Gordon Haddon Clark y Ronald Nash. Aquí dice: "Las posiciones filosóficas de estos pensadores se deben estudiar en un seminario reformado presbiteriano y se deben discutir racionalmente." ¿Es una indirecta a los Van Tillianos de Westminster porque sabe cómo han abusado de estos escritores? De todos modos, yo no estaría de acuerdo con García en este punto porque Clark y Nash simplemente no son lo suficientemente importantes o completos.

Inmediatamente García continúa: "A los sínodos (como el de Dordrecht) les corresponde discutir las confesiones de fe, no los prolegómenos a la teología". ¿Y por qué no, ya que los prolegómenos determinarán en gran medida la teología? ¿Es acaso una aplicación de cierto modalismo reformacional según el cual ciertas instituciones sólo pueden ocuparse de la modalidad de la fe y no de la modalidad analítica?

Concluye esta sección mencionando la ironía de "la guerra que han emprendido algunos presbiterianos en contra la primera escuela en la historia de la filosofía occidental que explícitamente quiere presuponer el motivo religioso bíblico."[89] Pues bien, esta idea de un motivo religioso es un aspecto de la propia filosofía reformacional, y que sea buena depende de la validez de la filosofía. Cuando García se pone a intentar definirla, admite que la idea de motivo religioso es muy difícil y lucha durante un par de páginas con ella.

Creo que el problema es en parte obra suya. Como ya he señalado, a Dooyeweerd le gustaba utilizar términos religiosos y filosóficos emparejados, por lo que podía abordar los temas desde cualquier di-

---

[89] García, *Réplica*, pág. 12.

rección y también resulta que el término religioso en el par es más ambiguo y confuso. "Motivo religioso" es la pareja del término "motivo fundamental". Este es el aspecto del pensamiento de Dooyeweerd que más encantó a Van Til. En la próxima sección, explicaré por qué creo que esto es mala filosofía e historia.

Luego García dice que a Frame "le parece" que esta necesidad de un prolegómeno implica "que el filósofo tiene derecho a decirle al teólogo lo que la Escritura puede y no puede decirle". La razón por la que pensaba que ésta era la posición de Dooyeweerd es que era lo que Dooyeweerd pensaba. Fustigó a Groen van Prinsterer, Abraham Kuyper y Van Til por intentar construir su teología a partir de la exégesis de las Escrituras.[90] García continúa afirmando que Dooyeweerd enseñaba lo contrario de lo que concluía Frame, en el sentido de que "la Escritura habla al hombre común *sin la mediación de la filosofía* (o de la teología)." Pero, ¿en qué le hablan las Escrituras a ese hombre? Recurrimos a J. Glenn Friesen para que nos lo explique.

> Dooyeweerd es categórico al afirmar que el significado de la creación, la caída, la redención, el pecado, el renacimiento o incluso el significado del corazón supratemporal no debe determinarse mediante la exégesis de la Biblia. La Biblia no habla de la creación, la caída del hombre en el pecado, la redención o el renacimiento en términos conceptuales. ... ¿Sobre qué otra base formamos nuestra teología? Para Dooyeweerd, la respuesta es nuestra experiencia....
>
> Las Escrituras hablan a nuestro corazón supratemporal, pero no deben entenderse de manera proposicional.... El fundamento cristiano de la creación, la caída y la redención no puede determinarse mediante la exégesis teológica.[91]

¿No es de extrañar que Frame tendiera a entender las ideas reformacionales a través del modelo de la neo-ortodoxia, la otra teología que hablaba así?

García glosa esto como "el conocimiento proporcionado por la Escritura no es una teoría (ni filosófica ni científica)". No es una teoría porque no es proposicional para Dooyeweerd. "¡Precisamente lo que defiende el WdW es que ¡la filosofía debe estar sumetida a la Escritu-

---

90   Véase la discusión de Friesen sobre las ideas de Dooyeweerd al respecto en su *Neo-Calvinismo,* págs. 387-389.

91   Friesen, *Neo-Calvinism,* pág. 390.

\

ra!". ¡Pero no son las proposiciones de la Escritura sino la Escritura filosóficamente construida!

El siguiente tema es la naturaleza de lo teórico. En su folleto, Frame dedica mucho espacio a polemizar con la filosofía reformacional sobre la distinción entre ingenuo y teórico y la definición de lo teórico. Él pensaba que la distinción era demasiado tajante. Pasé rápidamente por encima de esto porque me pareció que Frame había pasado por alto el modelo subyacente de eterno/supratemporal/temporal y que sus argumentos no venían al caso. Por supuesto, a veces se enfrentaba a quienes no aceptaban este modelo, que Vollenhoven había rechazado. García entra en su teoría de la ciencia que es de modelos con una estructura axiomática compartida. Comienza a sugerir una idea, sobre la que volverá, según la cual la investigación científica apoya el análisis modal del mundo.

Lo que Frame piensa es que lo teórico es un tratamiento organizado de proposiciones y que, como los filósofos reformacionales escriben oraciones sobre todo tipo de temas y que tales oraciones no tienen otro propósito que expresar proposiciones, entonces la Escritura, lo supratemporal, la teología, etc. son todo el material de lo teórico. Cuando Dooyeweerd o los otros dicen que no es así, Frame empieza a especular sobre lo que podrían querer decir con tan extrañas afirmaciones, ¡ya que a primera vista su discusión de estos asuntos es teórica! Pero las especulaciones de Frame conducen a ideas equivocadas de la filosofía reformacional y cuando saca conclusiones de las ideas equivocadas se mete en problemas.

Esto conduce directamente a los problemas de Frame con las leyes de la esfera. Frame piensa que Dooyeweerd creía que las modalidades eran aspectos del tiempo. De hecho, cita directamente de Dooyeweerd que son "aspectos del tiempo mismo".[92] La idea de que todo es tiempo le parece muy problemática en el sentido de que "este punto de vista parece descansar sobre un equívoco en el uso de 'tiempo' que no tiene base en el significado real de la palabra." Frame no puede pasar de golpear el aire porque una vez más deja de lado el modelo básico. Para Frame, el tiempo debe tener que ver con la secuencia y la duración.

García se adentra en la historia del racionalismo, con su programa logicista de construir las matemáticas a partir de la lógica, y luego se-

---

[92]   Dooyeweerd, *Crepúsculo*, pág. 6.

ñala la explosión de esta idea en la demostración de Gödel de la in-
completitud de la lógica de segundo orden. Se supone que esto demuestra la independencia de las esferas modales.[93] Aquí García comienza a introducir otra de sus ideas. Enumeramos los puntos de diferencia de Friesen entre Dooyeweerd y Vollenhoven, y uno de ellos
era que Dooyeweerd distinguía las modalidades en el orden en que
aparecían fenomenológicamente en la experiencia temporal y Vollenhoven decía que el orden era de complejidad creciente. La noción
de García es que el orden es el del descubrimiento científico histórico.[94]

Tarde o temprano la discusión tiene que llegar a la posibilidad de
hablar teóricamente sobre Dios. El problema general del discurso
teórico ya ha sido abordado, en el sentido de que Dooyeweerd utilizó
sus propios límites peculiares para lo teórico, lo que efectivamente

---

[93]   Pero, ¿por qué habría de hacerlo? Gödel demostró que un sistema
axiomático matemático no puede demostrar todas las expresiones aritméticas
que la lógica demuestra que son verdaderas. Es decir, demostrada como cierta
por la propia prueba de Gödel. El otro problema, que suele mencionarse
como más influyente que el de Gödel, es el descubrimiento por Bertrand
Russel de paradojas en la teoría de conjuntos de Frege [el conjunto de todos
los conjuntos que no son miembros de sí mismos]. Ambos sugieren que toda
teoría de este tipo requiere ser considerada dentro de una metateoría, lo que
quizá signifique que la lógica es mayor y más abarcadora que las matemáticas.
El argumento trascendental de Van Til, por cierto, se enfrenta a un obstáculo
similar al comparar el poder explicativo de todas las teorías, pero ¿en términos
de qué teoría y lógica?

He aquí un experimento mental: Para alguna teoría axiomática consistente
de la aritmética, A, el resultado de Gödel muestra que hay una expresión aritmética verdadera que no es demostrable en el sistema. (Se dice que Gödel
pensó que podría ser una ecuación diofantina.) Añadamos esta expresión a A
como un axioma, creando el sistema A2. El resultado es ahora demostrable
trivialmente en A2, pero el resultado de Gödel muestra que para A2 hay una
expresión verdadera no demostrable en él. Como el poder de prueba de A2
incluye todo A y más, esto significa que el enunciado de Gödel de A2 tampoco
es demostrable en A. Por inducción podemos demostrar que hay infinidad de
verdades aritméticas no demostrables en A. Pero supongamos que identifica-
mos uno de estos enunciados. ¿Podríamos suponer su opuesto, derivar una
contracción y así demostrarlo lógicamente, aunque no pudiera demostrarse a
partir de los axiomas?

[94]   García, *Réplica*, págs. 56, 57.

cambió su significado y esto había excluido amplias áreas de lo teórico. Dentro de esta región prohibida está Dios. Ahora García quiere afirmar que esto no es más que mero calvinismo. Dice: "En contra de la metafísica escolástica de Agustín, Anselmo y Tomás de Aquino, los reformadores enseñaron que de Dios sólo puede ser conocido lo que Él quiere revelar de sí mismo".[95] Agustín no era un escolástico, y en tiempos de Anselmo la escolástica apenas se estaba poniendo en marcha, pero más allá de eso, hemos llegado a la cuestión de hasta qué punto Calvino difería de los escolásticos. Dejaré a García el debate con la creciente ola de neoescolásticos en los seminarios. Mi interés está en lo que García dice que Calvino sí aceptó. "De su esencia ha revelado, en particular, que es una Trinidad, una esencia con una distinción real de personas o hipóstasis". Compárese esto con lo que Roy Clouser, a quien García citará más tarde como autoridad, dice que es posible en el dooyeweerdianismo.

> Las leyes y propiedades de la cantidad son características de las cosas creadas en el universo, por lo que ellas mismas también son creadas. Esto debe tenerse en cuenta, tanto para la doctrina judía y musulmana de que Dios es uno, como para la doctrina cristiana de que Dios es uno-en-tres. En cada caso, la cantidad es algo creado y asumido por Dios, y no intrínseco a Dios tal como era antes de crear.[96]

La contradicción explícita con la cita de Calvino muestra que el problema dooyeweerdiano de las limitaciones de lo que se puede decir no equivale en absoluto a lo que Calvino pensaba que eran las limitaciones de lo que se podía saber sobre Dios.

García continúa afirmando que "es probable que sea esta restricción del pensamiento teológico teórico a la naturaleza revelada de Dios lo que lleva a Frame a decir que ¡Dooyeweerd presupone que Dios es la realidad temporal creada!"[97] En realidad, la línea de pensamiento de Frame es simple. Dooyeweerd dice que sólo podemos tener un conocimiento teórico de lo temporal. El conocimiento teórico se compone de proposiciones. Dooyeweerd expresa proposiciones

---

[95]   García, *Réplica*, págs. 15, 16.

[96]   Roy Clouser, "Religious Language: A New Look at an Old Problem", *Rationality in the Calvinian Tradition*, ed. Hendrick Hart, Johan Van Der Hoeven, and Nicholas Woltersorff (University Press in American, 1983) pág.401.

[97]   García, *Réplica*, pág. 16.

sobre Dios. Por lo tanto Dooyeweerd debe considerar a Dios dentro de lo temporal. Esto une a Dios con la creación y es panteísmo. Es bastante sencillo siempre que consideremos las palabras en su significado normal.

Por supuesto, no fue sólo Frame quien vio que las cosas iban en esta dirección, aunque basándose en diferentes declaraciones de Dooyeweerd. En particular, existe el problema de interpretar el no-dualismo de Dooyeweerd y su oposición a la idea de sustancia, ya que no quería permitir el ser fuera de Dios. Friesen discute esto en varios lugares e intenta media docena de soluciones. Concluye que Dooyeweerd era panenteísta, aunque no panteísta.[98]

La siguiente interpretación de García es la objeción de Frame a la idea de que todo es tiempo en relación con los pensamientos, los números o las proposiciones. Frame piensa que éstos no tienen las características del tiempo. García concluye de esto que Frame piensa que son increados, y que por lo tanto Frame es un platonista. En la mente de García lo temporal se equipara a lo creado y lo no temporal a lo no creado. (¿Pero por qué? Lo supratemporal también es creado.) Pero para Frame, no todas las cosas que se encuentran en el tiempo tienen la naturaleza del tiempo. Sin embargo, él diría que todas ellas son conocidas por Dios. Dios no tiene que esperar a que la gente las experimente para ser consciente de ellas. ¿Es eso platonismo?

Después de esto, García se centra en el corazón y responde a una serie de preguntas planteadas por Frame. Éstas, de nuevo, surgen principalmente de las confusiones que experimenta Frame por no haber entendido bien la idea de supratemporalidad. Este es otro caso de emparejamiento de términos religiosos y filosóficos. El corazón es el yo supratemporal. Y, de nuevo, un seguidor de Vollenhoven tendría que responder a las preguntas de Frame de forma diferente. A nuestros efectos, lo interesante es que García recurre a citar una serie de textos bíblicos, como si se tratara de proposiciones de las que se pudieran deducir verdades teológicas. Los dooyeweedianos no juegan con sus propias reglas. Una vez más sale a relucir la naturaleza de los enunciados teóricos evidentes, que para Dooyeweerd no son enunciados teóricos. Lástima que Dooyeweerd no aprendiera la lec-

---

[98]   Friesen, *Neo-Calvinismo*, págs. 298, 347. Es decir que el mundo es parte de Dios, pero no el todo de Dios.

ción de Wittgenstein: "De lo que no podemos hablar, debemos callar".[99]

Pero García llega a un punto muy interesante. Siguiendo a D. Strauss, rechaza la idea de Dooyeweerd de la intuición sintética que une las modalidades. Piensa que es un kantianismo que Dooyeweerd debería haber desechado.[100] Hay mucho más en la teoría, en el sentido de que cada modalidad surge de su núcleo supratemporal que está unificado con los otros núcleos modales, que hay anticipaciones a las modalidades, y retrocipaciones de las modalidades de vuelta a lo supratemporal, y también analogías entre estas anticipaciones y retrocipaciones de las diversas modalidades. De modo que todas ellas encierran cierto potencial unificador. Friesen lo expone *hasta la saciedad* y puede resultar interesante para quienes no piensen que todo esto es pura invención.

Señalé que el tratamiento de la ley por parte de Frame era muy simplista. No distinguía las formas en que el pensamiento reformacional utilizaba la ley y rápidamente se hizo evidente que no hacía distinciones en su propio pensamiento. Como también he mencionado, se ha criticado a Van Til por no tratar la ley con eficacia. Todas estas cosas pueden estar relacionadas. García comienza distinguiendo tres significados de la palabra de Dios en las Escrituras: la Biblia misma, Cristo, y la Palabra-ley que gobierna el universo. Esto es muy extraño, ya que hay muchos casos en los que la palabra del Señor vino a alguien y sólo se registró parte o nada de ella, los usos de palabra como mandamiento, etc. La palabra como mandamiento puede distinguirse además como palabra que produce un resultado, como en la creación, y palabra que expresa una obligación para otros que puede ser desobedecida.

Hay cierta ambigüedad en su expresión "el sistema de leyes, normas y decretos que rigen el universo". ¿"rigen que el universo" modifica toda la fase, como creo más probable, o sólo "decretos"? En este último caso, aquí estaría dando cabida a los mandamientos. En el pri-

---

[99]   Kierkegaard, sin embargo, se tomó muy a pecho esta lección, que es la razón principal por la que la gente lo encuentra tan difícil de interpretar. Wittgenstein, que en su juventud fue un gran lector de Kierkegaard, quizá la aprendió de él.

[100]   García, *Réplica*, pág. 23.

mer caso, "normas" podría tomarse en algún sentido de ley-estructura modal. Es difícil saberlo.

Continúa hablando de la interpretación "griega" de Juan 1:1 como una especie de Demiurgo, y luego sigue con Agustín. Tal vez esté aludiendo a la apropiación de la filosofía neoplatonista por parte de Agustín. Pero a lo que conduce García es a acusar de nuevo a Frame de platonismo; "consistente con sus tendencias platonistas, Frame afirma que la ley de Dios es 'esencialmente divina', con lo cual quiere decir que es increada. Esto equivale a decir que la ley de Dios es equiparable con Dios mismo."[101]

Frame, sin embargo, no es platonista. Aquí muestra su biblicismo. Este tipo de biblicismo se explica mejor ejemplificando el caso de otro Van Tilliano. Greg Bahnsen, en *Presuppositional Apologetics Stated and Defended,* tiene una sección que critica a Gordon Clark. Aquí rechaza sistematizar la Escritura o incluso buscar un significado no metafórico.[102] Este biblicismo se resiste a ir más allá del lenguaje de la Escritura en busca de un significado preciso. Por supuesto, si estas personas hicieran esto sistemáticamente tendrían que renunciar a la pretensión de ser reformados. Hay aquí una ironía, en el sentido de que este aspecto del Van Tillianismo es probablemente el punto final de su absorción de las ideas reformacionales contra la deducción de la teología a partir de la Escritura.

García responde a las preguntas de Frame sobre la ley.

Respecto a las leyes y normas modales, Frame plantea las siguientes preguntas: ¿Es cierto que un estudio de lógica, la historia, la lingüística, la sociología, la economía, la estética, la jurisprudencia, la ética o la teología producirá normas más allá de las que se encuentran en las Escrituras? ¿Es pecaminoso desobedecerlas?[103]

Luego sugiere que "Frame se expresa como si fuera algo extraño a la vida humana la producción de tales normas, o como si quisiera deslindar la actividad legislativa humana de toda referencia a leyes emitidas por Dios."

Lo que Frame intenta averiguar es si existe alguna idea coherente

---

[101]   García, *Réplica,* pág. 26.
[102]   Greg Bahnsen, *Presuppositional Apologetics Stated and Defended* (Powder Springs, Georgia: American Vision Press, 2020) pág. 190.
[103]   García, *Réplica,* pág. 28.

de ley y norma aparte de la imposición de algún esquema modal con su orden estructural inherente. Aquí hay un gran problema metodológico, ya que Frame está obteniendo su información del libro de J. M. Spier de 1954, *An Introduction to Christian Philosophy,* cuando Frame pregunta: "¿Cuál es la relación de la ley con Dios? ¿Es la ley algo creado, o es esencialmente divina? La fórmula de que la ley es el 'límite entre Dios y el cosmos' oscurece las cosas aquí, ¡porque a uno le gustaría saber de qué lado del límite está el límite!". Esta idea de la ley como límite es (2) en la lista de Friesen de las diferencias entre Vollenhoven y Dooyeweerd. Fue Vollenhoven quien dijo que la ley era el límite.

En segundo lugar, ¿cuál es la relación del contenido de la ley reformacional con la ley natural y con la ley bíblica? Guillermo de Ockham dijo: "Toda ley natural está contenida explícita o implícitamente en las Escrituras divinas."[104] ¿Es tan extraño preguntarse cuál es la postura del pensamiento reformacional al respecto? El pensamiento reformacional parece derivar normas de modalidades que son producto de la especulación teórica. Spier, tal como lo lee Frame, dice que la violación de tales normas es pecado. Los ejemplos que utiliza Frame son errores de lógica, de uso del lenguaje o de estética.[105] Lo que Frame quiere saber es si la Escritura es suficiente para nuestro conocimiento del bien y del mal, o si necesitamos la filosofía especulativa para aducir la existencia de esferas modales, y luego deducir las normas que tales esferas implican para la existencia. Esto último parece ser la implicación o incluso la enseñanza explícita de los pensadores reformacionales.

García, sin reconocer a estos pensadores reformacionales, da su propia respuesta diferente de que la violación de las normas modales es pecado sólo en el caso de que también sea una violación de la ley natural.[106]

El mismo problema se traslada al tema de la aplicación de las Escrituras, en particular a la idea de positivización. García señala que

---

[104]   Francis Oakley, *Natural Law, Laws of Nature, Natural Rights: Continuity and Discontinuity in the History of Ideas* (Nueva York y Londres: Continuum, 2005) pág. 79.

[105]   Frame cita Spier, *Introducción a la filosofía cristiana,* págs. 119-122, y *¿Qué es la filosofía calvinista?,* pág. 76ss.

[106]   García, *Réplica,* pág. 29.

Frame ha dicho que "dado que una 'positivización' o 'aplicación' es válida sólo para un conjunto particular de circunstancias y para un cierto tiempo o lugar determinados, este punto de vista implica que la Escritura tal como la tenemos está fechada, es decir, fue temporal y está obsoleta". García afirma que "Frame confunde aquí las leyes ceremoniales y judiciales del Antiguo Testamento con la 'Escritura'".[107] Pero Frame no está hablando de la ley mosaica. Una vez más se estaba inspirando en Spier y en los pensadores reformacionales con los que se encontraba. La idea es que las Escrituras, como mandamientos, sólo se aplican directamente en la modalidad de la fe. Incluso allí, sólo se aplican a su tiempo. Así encontramos a los pensadores reformacionales queriendo dejar de lado gran parte de la instrucción pastoral que se encuentra en las epístolas como la positivización para el antiguo imperio romano.

Si damos un paso atrás y examinamos cómo surgió la controversia y el propio libro de Frame, es que los pensadores reformacionales estaban haciendo campaña activamente y tratando de bloquear la formación de escuelas explícitamente cristianas, porque éstas violan las distinciones de modalidad, al aplicar las normas de la fe a la modalidad analítica. Podemos ver cómo la teoría de la positivización desempeña un papel en esto, ya que restringe dónde se puede aplicar directamente la Escritura. Al decir que "el mismo problema se translada" me estoy refiriendo a la fuente de Frame para entender esto, que una vez más son los libros de Spier y las actividades de los canadienses.

En una de sus secciones más torturadas, García aborda el "Motivo religioso y la fe". Frame cita del *Crespúculo* de Dooyeweerd, el "... radical y central, tema bíblico de la creación, caída en el pecado y redención por Jesucristo como Verbo de Dios encarnado, en comunión del Espíritu Santo", pero señala: "Dooyeweerd, sin embargo, señala que 'no debe confundirse con los artículos eclesiásticos de la fe...' – es decir, cuando habla del 'motivo básico creación, caída y redención', no está hablando de las *doctrinas de la creación*, caída y redención. Las doctrinas de la creación, etc., pueden estudiarse teóricamente; el 'motivo básico' no, pues se dirige sólo al corazón del hombre y no al pensamiento teórico."

Friesen explica que Frame no está solo en esta interpretación.

---

[107] García, *Réplica*, pág. 30.

El fundamento cristiano es el de la creación, la caída y la redención en Cristo. Pero, ¿no creen esto todos los cristianos? No de la manera teosófica en que Dooyeweerd explicó estas ideas. En su opinión, estos acontecimientos suceden fuera del tiempo histórico, cósmico. Dooyeweerd dice que la creación, la caída y la redención ocurren en un *sentido central en la raíz supratemporal*.[108]

y

La caída fue del hombre como raíz religiosa, por lo que el mundo temporal, que no tiene existencia en sí mismo, cayó con el hombre.[109]

Friesen señala que Vollenhoven enseña lo contrario, en el sentido de que para él sólo el cosmos tiene ser, y que Dios está más allá del Ser. Para Dooyeweerd la redención es universal y ya está realizada en lo supratemporal donde todo está redimido. Esta redención es la sustitución de Cristo como centro supratemporal.[110]

Una vez más, sin embargo, Frame se enreda en su propio intento de dar sentido a esto sin tener en cuenta el modelo metafísico. García puede entonces ocuparse de referencias irrelevantes a Calvino, de mostrar dónde se equivocan las afirmaciones de Frame e ignorar la naturaleza radicalmente anticristiana de las ideas de Dooyeweerd.

Esto continúa con la discusión de García sobre la sección de Filosofía y Teología de Frame. Una vez más, Frame emplea un enfoque consistente en suponer primero lo que Dooyeweerd debe querer decir para que tenga sentido y luego criticar la representación que él mismo ha construido. Esto siempre mete a Frame en problemas.

No tiene mucho sentido intentar identificar y rastrear todos los malentendidos de Frame. Pero hay que decir algo sobre el fenómeno. Puede surgir fácilmente cuando la gente se propone criticar una posición que practica la evasión y la oscuridad. Recientemente me encontré con un ejemplo instructivo en el intento de los tomistas de criticar el Van Tillianismo. Repetidamente atacaron lo que eran proyecciones sobre Van Til y sus seguidores de su propia manera de pensar las cosas.[111] Como señalé, Van Til no puede escapar a la culpa por

---

[108]   Friesen, *Neo-Calvinism*, pág. 409.

[109]   Friesen, *Neo-Calvinism*, pág. 412.

[110]   Friesen, *Neo-Calvinismo*, págs. 390-395.

[111]   Tim Wilder, *Conocimiento dividido: Van Til y la apologética tradicional* (Rapid City: Via Moderna Books, 2023).

esto, ya que habitualmente se resistía a ser claro. Tampoco les excusa el oscurantismo de los pensadores reformacionales.

El otro gran error de Frame, mezclar ideas y fuentes de Dooyeweerd con las escuelas de Vollenhoven/Stoker, es menos fácil de entender. Mi experiencia con el grupo Stoker es que bastaba mencionar a Dooyeweerd para que salieran las cruces y los dientes de ajo. Desde luego, no querían ser considerados dooyeweerdianos. Pero Frame no contaba con el beneficio de Friesen y su vida de estudio de estas filosofías para explicar las diferencias.

García tiene cuatro áreas principales de error. En primer lugar, pretende que el dooyeweerdianismo es igual a la filosofía reformacional, cuando la corriente de Vollenhoven y luego la sudafricana son igual de antiguas y constituyen la versión mayoritaria. García construye sus argumentos en este mundo imaginario en el que sólo existe su versión, salvo algunos seguidores tardíos que se desviaron de ella y deben ser ignorados. En segundo lugar, intenta retratar a un Dooyeweerd bíblico y calvinista, e incluso algo escolástico en el ámbito del derecho natural, que nunca existió. En tercer lugar, interpreta a Frame a través de una teoría sobre lo que piensa Frame que es conjurada por García del mismo modo que Frame creó sus propias teorías sobre lo que debe querer decir Dooyeweerd. Su último y mayor error es descontextualizar el debate. El libro de Frame fue escrito en el contexto de una campaña de los pensadores reformacionales contra la teología reformada y las instituciones cristianas.

EVALUACIÓN

Hemos considerado algunas cuestiones básicas sobre el debate de John Frame con las filosofías reformacionales. ¿Comprendió Frame estos puntos de vista? En muchos aspectos, su comprensión se quedó corta. Sin embargo, en algunas cuestiones esenciales, acertó en sus críticas. La calificación de esencial no se refiere tanto a su comprensión de la esencia de los modelos metafísicos y epistémicos de estas filosofías, sino a dónde tocan y en qué difieren de los puntos clave del punto de vista cristiano ortodoxo.

¿Por qué los teólogos del seminario tardaron tanto en enfrentarse a las filosofías y, cuando lo hicieron, lo hicieron tan mal? La respuesta tiene que considerar las dos fases de la respuesta. Hubo décadas durante las cuales las ideas de las filosofías fueron absorbidas e incorporadas a la estructura de fondo de la apologética. Aquí tenemos que pensar en el Seminario de Westminster y en Van Til, principalmente. Hubo críticos anteriores, como J. Oliver Buswell. Aunque podía ver las influencias idealistas en Van Til, no conocía las filosofías reformacionales. La segunda fase es la de la invasión canadiense. Grupos muy agresivos y saturados ideológicamente –es decir, radicalizados– comenzaron a difundir sus ideas de forma combativa. La sociología de esto es que estaban copiando a la Nueva Izquierda. Fue esta fase la que provocó las batallas en Westminster y en organizaciones como las asociaciones escolares. Del mismo modo, desde el punto de vista del establishment de Westminster, las filosofías pasaron de ser una fuente de herramientas que podían utilizarse construyendo apologética enseñada a ingenuos estudiantes de ministerio, a una fuente de herramientas para que los jóvenes altaneros atacaran al acrítico y complaciente profesorado, que, como parecía evidente, no se enteraba de nada. La forma que adoptó la respuesta del profesorado fue la misma a la que estaban acostumbrados a combatir el liberalismo, incluida la neo-ortodoxia. Es decir, escribieron artículos sobre la autoridad de las Escrituras. Era el mismo enfoque, y hasta cierto punto las mismas personas, que, como señalamos antes, fracasaron más tarde en la lucha contra el liberalismo en la Iglesia Cristiana Reformada. Para ser personas que pregonaban su pensamiento como presuposicional, mostraron una notable incapacidad para identificar y abordar las presuposiciones en estos debates del mundo real.

Luego, estaba la mentalidad de tener las cosas de ambas maneras que promovían las filosofías. En el discurso que Frame les dirige, señala que están enseñando puntos de vista que van claramente en contra de la visión histórica protestante de las Escrituras, y sin embargo, cuando él presenta ese punto de vista, ¡los portavoces reformacionales afirman estar de acuerdo con él! Me viene a la memoria una ilustración utilizada por Francis Schaeffer (citaba a otra persona) que comparaba a un teólogo neo-ortodoxo con un tendero que mantiene su mercancía oculta bajo el mostrador. Cuando entra un cliente y pide algo, el tendero lo saca y dice: "Eso es *precisamente* lo que vendemos aquí." De ese modo, los neo-ortodoxos intentaban ser liberales y ortodoxos al mismo tiempo, mientras infiltraban sus ideas por todas partes. Los reformacionales canadienses actuaron del mismo modo para difundir su filosofía.

Hay otra parte de la respuesta a por qué la facultad de Westminster no vio los problemas con el pensamiento reformacional hasta el final de los treinta y cinco años de devaneos de Van Til con este punto de vista. ¿Cómo lo entendieron? El examen, que sigue, de la comprensión de Van Til y el uso de las filosofías es el comienzo de la respuesta a esto. Otra pregunta es, ¿por qué la respuesta de Frame de hace cincuenta años a las filosofías reformacionales de repente se ha vuelto actual?

La interpretación de Van Til de las filosofías reformacionales

Cornelius Van Til comenta su uso de las filosofías reformacionales en su programa de clases de 1954.

> Ahora bien, el pensamiento moderno en general está controlado en gran medida por los principios básicos de la filosofía moderna. Evaluar estos principios básicos desde el punto de vista del cristianismo es, por lo tanto, de suma importancia. Se ha recibido mucha ayuda sobre este asunto de los escritos de D.H.Th. Vollenhoven y Herman Dooyer-

veerd [*sic*], de la Universidad Libre de Amsterdam, y de G. H. Stoker, de Potchefstrom, Sudáfrica.[112]

Los profesores D.H. Th. Vollenhoven y Herman Dooyeweerd, de la Universidad Libre de Amsterdam, han elaborado un sistema cristiano de filosofía. Destacan el hecho de que el hombre, en virtud de su creación por Dios, debe situarse conscientemente bajo la ley de Dios. Y luego señalan que, desde la caída, el hombre busca su punto de referencia en el universo creado y no en el Creador del universo. Hablan de los sistemas filosóficos no cristianos como de carácter inmanentista, negándose a reconocer la dependencia del pensamiento humano del pensamiento divino. Indican que sobre la base de las filosofías inmanentistas se ha planteado una falsa problemática. Los sistemas inmanentistas han absolutizado uno u otro aspecto del universo creado y con ello se han visto obligados a cometer injusticias con otros aspectos igualmente importantes o más importantes del universo creado. Así, por ejemplo, los pitagóricos sostenían que todas las cosas son números. Al tomar así la idea de la numerabilidad de las cosas creadas, que es el aspecto más bajo y por tanto menos informativo de la realidad en su conjunto, como principio final de interpretación, han cometido una grave injusticia con otros aspectos más elevados de la realidad. Pero al defender así la importancia de las dimensiones superiores de la realidad creada, lo hacen insistiendo en que no se hace justicia a ninguna dimensión de la realidad creada a menos que se considere desde la perspectiva de su sujeción, con todas las demás dimensiones, a la ley de Dios para toda la realidad creada. En otras palabras, existe un dimensionalismo tanto cristiano como no cristiano. El primero también quiere mantener la realidad y el significado de las dimensiones superiores a la numerabilidad y la espacialidad, etc. Pero sólo los segundos son capaces de evitar la reducción de todas las dimensiones a una identidad descarnada, porque sólo los segundos mantienen el intelecto del hombre en su lugar. Se requiere el intelecto del hombre para encontrar las dimensiones de la realidad creada, sin legislar para la realidad. Por otra parte, incluso la forma más elevada de dimensionalismo no cristiano sigue siendo racionalista en el sentido de que reduciría toda la realidad, en todas sus dimensiones, a un sistema penetrable.

Es de lamentar que no se pueda hacer un uso completo de este bien elaborado sistema de filosofía cristiana. Nos llevaría demasiado lejos.

---

[112] Cornelius Van Til, *A Christian Theory of Knowledge* (Westminster Theological Seminary, Syllabus, 1954) pág. ii.

Pero nos será de gran ayuda en el análisis de la historia de la filosofía no cristiana.[113]

Como este material data de 1954, para entonces llevaba casi veinte años vinculado a las filosofías reformacionales. Sus observaciones muestran, a grandes rasgos, cuál era su grado de comprensión.

Elementos notables de lo que Van Til dice aquí son:

1. Ve una filosofía única, desarrollada conjuntamente por Vollenhoven y Dooyeweerd.

2. Aquí, y en otros lugares, menciona primero a Vollenhoven, lo que puede indicar que se basó principalmente en Vollenhoven para su interpretación de la filosofía. Esto contrasta con la mención de Dooyeweerd casi exclusivamente en relación con las controversias de Westminster.

3. La interpretación de Van Til del papel de la ley en las filosofías reformacionales es que el hombre a) en virtud de su creación, b) debe de una manera consciente de sí mismo, c) estar bajo la ley. Van Til no hace ningún esfuerzo por relacionar esto con un contexto particular en las filosofías reformacionales, es decir, con a) las estructuras modales de la ley, b) la modalidad jurídica, o c) la positivización de la Escritura en la modalidad de la fe. El resto de lo que Van Til tiene que decir se refiere a la función e importancia de las esferas modales, por lo que es más plausible entender que se refiere aquí a las estructuras-ley. No reconoce que para Dooyeweerd el motivo de la creación, caída y redención es todo supratemporal. Van Til está pensando en Adán en el Edén en un sentido histórico. Estar conscientemente bajo la ley significa construir tu teoría teniendo en mente las esferas de la ley y sus limitaciones de soberanía de la esfera modal, pero Van Til no distingue esto de la historia temporal.

4. Desde la caída, el hombre busca su "punto de referencia" en el universo creado y no en el Creador. Es interesante que Van Til recoja "punto de referencia", un término favorito suyo, pero que Frame denigra en su ensayo como una de las metáforas indefinidas de las filosofías (su Sección 5). Pero (como Frame reconoce en su ensayo), en Dooyeweerd, este punto de referencia es el yo supratemporal, en el cielo creado, no el Creador.

---

[113]   Van Til, *Conocimiento*, págs. 32, 33.

5.   La filosofía no cristiana es inmanentista, negándose a reconocer la dependencia del pensamiento humano del pensamiento divino. En el esquema eterno/supratemporal/temporal, lo eterno es trascendente a lo supratemporal, y lo supratemporal es trascendente a lo temporal. A la inversa, lo temporal (cósmico) es inmanente en comparación con lo supratemporal, y del mismo modo lo supratemporal es inmanente en comparación con lo eterno. La imagen de Dios se refiere a esta jerarquía de expresión, ya que Dios se expresa creativamente en lo supratemporal, y el hombre, como imagen de Dios, se expresa en lo temporal. El hombre, con su corazón supratemporal, es un ser trascendente. Las filosofías de la inmanencia son las que parten de lo temporal e intentan explicar la experiencia únicamente en términos temporales. Esto tiene dos problemas. El primero es que lo temporal está fragmentado en modalidades, de las cuales sólo una es la lógica (teórica), y construir a partir de cualquiera de ellas da lugar a antinomias en la teoría debido a la fragmentación. El segundo problema es que tal filosofía de la inmanencia deja fuera lo supratemporal, que es donde comienza realmente la experiencia, por lo que la filosofía inmanente es radicalmente incompleta. Dooyeweerd denomina pensamiento autónomo a esta elaboración de teorías que sólo se da en lo temporal inmanente, ya que es autónoma (desconectada) de lo supratemporal. Por supuesto, Vollenhoven tendría una explicación muy diferente. Van Til no indica un reconocimiento de estos aspectos.

6.   Las filosofías inmanentistas crean una falsa problemática. Es decir, las antinomias mencionadas en (5) a causa del papel explicativo integrador de la teoría que se encuentra en una modalidad particular de la experiencia temporal fragmentada. Van Til, sin embargo, piensa en esto como una "injusticia" hecha a las partes de la creación que no reciben esta prioridad. Considera que no se respeta la jerarquía en la naturaleza. Hay un aspecto de esto en las filosofías reformacionales, en el sentido de que sostienen que las modalidades tienen un cierto orden, aunque Dooyeweerd y Vollenhoven lo explican de manera diferente (y García también). Existe una sorprendente analogía con el tomismo, en el sentido de que las formas o arquetipos se aplican en un cierto orden para crear las especies resultantes. La diferencia es que el tomismo sostiene que las formas constituyen a Dios, mientras que para las

filosofías los modalidades están estrictamente en la creación. Van
Til habla de la "ley de Dios para toda la realidad creada", pero estas estructuras-ley tienen todas su núcleo en lo supratemporal,
donde son una unidad y, en cierto sentido, son puestas allí o de-
terminadas por Dios, pero es el hombre quien las expresa en el
cosmos.

7.   Sólo el pensamiento cristiano consigue evitar la reducción de
todas las dimensiones a "una realidad descarnada". Esto parece
ser Van Til explicando a su manera lo que él piensa que son las
implicaciones del pensamiento inmanentista. Si utiliza una modalidad como punto de partida, reduciría todo a esa "única y cru-
da" modalidad, como sugiere con su ejemplo del pitagorismo. Lo
que las filosofías reformacionales señalan como efecto son las antinomias. En realidad, Dooyeweerd sostiene que estas modalidades comenzaron en una unidad supratemporal (ya sea "descarnada" o no) y sólo divergen posteriormente en la riqueza de la experiencia temporal. Se trata, pues, de un problema para el pensamiento teórico, cuando éste no acepta a la vez la complejidad y las
limitaciones de la situación en la que opera. La interpretación de
Van Til de la "reducción" resultante de la filosofía inmanente es
un movimiento al que estaba acostumbrado desde su Idealismo,
donde el Absoluto trascendente era necesario para los universales.

8.   Van Til describe entonces el resultado que hay que evitar
como "legislar la realidad". Este es un Van Tillianismo, también
adoptado por Greg Bahnsen y K. Scott Oliphint. Para Van Til significa utilizar la lógica para determinar lo que es posible. Típica-
mente se refiere a usar la razón humana para hacer deducciones
sobre Dios, pero en este caso, parece tener en mente trabajar a
partir de premisas de una teoría basada en una sola modalidad.

9.   A continuación, Van Til explica este "legislar para la realidad"
como una reducción "racionalista" de toda la realidad, en todas
sus dimensiones, a un sistema penetrable. Este es un movimiento
típico de Van Til. Lo que sería similar en Dooyeweerd, es que a)
lo supratemporal está más allá del análisis teórico, porque lo teórico es una modalidad en lo temporal, y así lo supratemporal no
es "lógicamente penetrable". Frame ridiculiza mucho esta limitación en su ensayo. Además, b) hay problemas con la integración
de las modalidades, en el sentido de que la lógica es sólo una de

ellas, por lo que Dooyeweerd tiene que apelar a una intuición supratemporal que las sintetice, por lo que, también en este caso, está más allá de lo "lógicamente penetrable". Pero aunque la razón no lo logre, es la mente humana, o el yo, quien lo hace. El punto de Van Til aquí es simplemente una preferencia por soluciones no racionales como las que ofrece Dooyeweerd, a menos que tratemos de interpretar a Van Til en términos de un gran malentendido de al menos la teoría de Dooyeweerd, y una transposición a algún concepto Van Tilliano.

10.   A continuación, Van Til explica cómo utilizará las filosofías reformacionales en su apologética. Esto equivale a emplear el análisis de motivo fundamental en su interpretación de la historia del pensamiento. Es decir, buscará el uso de una modalidad como principio explicativo en pensadores históricos y mostrará cómo esto es un reduccionismo que invalida el análisis. El problema de este método es que es distorsionador, e incluso cuando tiene alguna aplicación es excesivamente simplificador. Sin embargo, este método se ha entrado en gran medida en el tipo de apologética de la cosmovisión que está influenciada por Van Til y sus alumnos.

Para caracterizar la apologética de Van Til, sin embargo, hay que permitir cierta complejidad. En el ejemplo de Van Til de los pitagóricos, una modalidad particular, la numérica, se impone como principio explicativo de la naturaleza. Dooyeweerd, sin embargo, tenía un esquema de tres motivos fundamentales apóstatas históricos. Éstos son la forma/materia del mundo antiguo, el motivo naturaleza/gracia escolástica y el de la naturaleza/libertad de la Ilustración. Éstos se expresan en términos de la antinomia resultante, no del error modal subyacente. Hay espacio para una mayor complejidad en la forma en que se relacionan en un pensador particular, o para el caso, en una práctica cultural.

El de Dooyeweerd no es el único intento de interpretar la historia cultural a través de una mentalidad concreta que fue dominante en una época y un lugar. El problema es siempre encontrar algún patrón en la forma en que la gente pensaba las cosas que sea lo bastante general y básico para explicar realmente la cultura o una comunidad dentro de la cultura y que, sin embargo, no se vea superado por las excepciones. Siempre habrá historiadores discrepantes que prefieran los hechos excepcionales que no encajan en el patrón al patrón. Desde un punto de vista pragmático, también está la cuestión de las pruebas. Lo que tenemos del mundo antiguo es escaso, y lo que tenemos de épocas más recientes es tan voluminoso y diverso (y son las excepciones y las innovaciones las que llaman la atención tanto de los contemporáneos como de los investigadores) que es difícil generalizar sobre ello.

Del mundo antiguo, especialmente de los griegos, tenemos un corpus literario (poemas épicos y teatro) que ellos mismos eligieron como especialmente significativo para expresar su comprensión de la existencia. El drama tuvo su origen en rituales religiosos comunitarios, al igual que las epopeyas de Mesopotamia. Si lo leemos de acuerdo con el análisis del motivo fundamental, estamos predeterminados a encontrar un conflicto de antinomias causadas por explicaciones simplistas de raíz, ya que eso es lo que el pensamiento reformacional dicta que debe haber. Visto de otro modo, la filosofía griega podría verse como el intento frustrado de encontrar explicaciones básicas de raíz que no existían en la cultura, de modo que los fracasos filosóficos eran demasiado evidentes.

Existe una tradición de historia intelectual, en busca de los ideales culturales de diversas épocas, que no se basa en encontrar los motivos fundamentales predeterminados, y constituye una lectura fascinante, siempre teniendo en cuenta la imposibilidad de hacer estas explicaciones realmente universales. Un intento particular, en la explicación del desarrollo del derecho natural y positivo, es *Natural Law and Justice* de Lloyd L. Weinreb.[114] Resulta interesante su conclución que siempre fracasan porque llevan incorporadas contradicciones.

El pensamiento de Van Til parece haber cambiado de otras maneras a través de su contacto con el pensamiento reformacional. Su visión de la lógica cambió entre su disertación y su programa de estudios de 1954.[115] Otras influencias son difíciles de evaluar, ya que implican terminología que podría haber procedido de Kuyper o de Dooyeweerd, como autonomía y antítesis.

---

[114]   Lloyd L. Weinreb, *Natural Law and Justice* (Cambridge, Mass.: Harvard University Press, 1987).

[115]   Tim Wilder, *Teosofía, Van Til y Bahnsen*, sección "Van Til y la Lógica", págs. 57-59.

LA RUPTURA DE VAN TIL CON DOOYEWEERD

Tenemos la explicación de Frame sobre el distanciamiento de Van Til de la Filosofía Reformacional. Aunque esto ya se discutió en relación con la Sección 14 de Frame sobre apologética, algunos comentarios más deberían ser útiles. "Durante los últimos años", dice Frame, "Van Til se ha vuelto mucho más crítico con el movimiento de Amsterdam". Esto sitúa la ruptura unos quince años después del material citado anteriormente para mostrar cómo Van Til entendía las filosofías durante el período en que las respaldó. Quizá "ruptura" sea también un término demasiado fuerte. Sin perdernos en las explicaciones de Frame podemos considerar dos objeciones de Van Til, una compleja y otra más simple.

La primera se refiere a las explicaciones trascendentales y al pensamiento autónomo. Van Til tenía una apologética basada en la necesidad de una explicación trascendental del mundo (que al principio enmarcó como experiencia). Una explicación trascendental busca qué condiciones o entidades deben existir para que las cosas sean como son. Los argumentos de Van Til, en general, apuntaban a la Trinidad. Es decir, pensaba que la explicación tiene que ser trascendente, creativa, personal y no puramente simple. Dooyeweerd daba un lugar a las explicaciones trascendentes, pero lo más lejos que llegaba era la necesidad de un Origen más allá de lo supratemporal, es decir, en lo eterno. Para Van Til, eso eliminaba a Dios en el sentido importante y, por tanto, equivalía a un pensamiento autónomo porque estaba separado de Dios. Así pues, para Van Til el pensamiento autónomo significaba la falta de un principio en una explicación trascendental (del tipo correcto).

Para Dooyeweerd, el pensamiento autónomo es el pensamiento que deja fuera su origen real. El origen de la experiencia está en lo supratemporal, saliendo del yo supratemporal. El origen no está en lo eterno, porque el hombre no es Dios. Si Dooyeweerd partiera de la raíz de la experiencia en la existencia eterna del hombre, sería lo mismo que plantear una explicación panteísta. Decir que la experiencia del hombre comienza en Dios equivale a lo mismo porque la identifica con la experiencia divina. Así pues, Dooyeweerd no define lo autónomo en términos de explicación trascendente última, aunque la explicación supratemporal se refiera al ser que trasciende lo temporal.

La definición de Dooyeweed se refiere a dónde y cómo existe y funciona la experiencia humana.

El concepto de pensamiento autónomo de Dooyeweerd tiene más complejidad que esto. El pensamiento teórico crea una especie de yo artificial, necesario para que la modalidad temporal analítica considere a las otras modalidades, que si se toma por un yo autónomo real crea un dualismo.[116] Pero aquí sólo queremos indicar que la filosofía de Dooyeweerd es rica en tales ideas. Lo importante es que Van Til no parecía entender la idea de autonomía de Dooyeweerd en primer lugar.

La segunda objeción de Van Til es a la ubicación de la revelación por Dooyeweerd en lo supratemporal, haciéndola no proposicional. Las implicaciones de esto no son tan diferentes de las de la propia teoría de Van Til, como se mostró anteriormente, pero las razones son fundamentalmente diferentes.

Por supuesto, cambia al pensamiento de Vollenhoven, y todo cambia.

¿Por qué tardó tanto en llegar la ruptura? Presumiblemente, en los primeros años de enseñanza de Van Til, en el Seminario de Princeton y en Westminster, todavía no conocía las filosofías reformacionales. Entonces, poco antes del final, hizo sus críticas públicas.[117] Sin embargo, durante casi toda su carrera estuvo identificado con este movimiento. Su interés inicial y su inclinación a estar de acuerdo con ellos es comprensible en la medida en que era kuyperiano. Frame dice: "Van Til era kuyperiano hasta la médula, sostenía que la Biblia 'habla de todo' y animaba a sus alumnos y lectores a aplicar las Escrituras a todas las esferas de la vida." Y añade: "Desde el punto de vista kuyperiano, todos los males de la sociedad son esencialmente religiosos. Tienen su origen en la adoración de dioses falsos. O los pecadores adoran a los dioses de alguna ideología pagana, o dan primacía a su propio pensamiento autónomo."[118] Se podría decir que Van Til era incluso militantemente kuyperiano. Él y sus colegas holandeses de la facultad de Westminster tenían una agenda. Su tratamiento de Gor-

---

[116]   Para el intento de Friesen de explicar esto, véase su *Neo-Calvinism*, págs. 522, 523.

[117]   ¿Hasta qué punto el proyecto de libro de E. R. Geehan, *Jerusalem and Athens*, sacó a la luz esta diferencia?

[118]   Frame, *Escondido Theology*, págs. 323, 324.

dan Clark, usando la teología kuyperiana, no las Confesiones, como su estándar de calificación para el ministerio lo demostró.

Van Til sabía que Vollenhoven y Dooyeweerd eran profesores de la Universidad Libre que había fundado Kuyper. Hubiera supuesto que eso no era posible a menos que existiera un acuerdo básico entre sus puntos de vista y la base teológica de la Universidad y su denominación matriz. Pero Vollenhoven y Dooyeweerd ocultaron sus puntos de vista y sus fuentes, como señala Friesen.[119] Dooyeweerd consiguió bloquear a los conservadores de la Universidad Libre durante su intento de investigarle, que duró diez años y nunca concluyó. Aun así, Dooyeweerd pensaba que había sido suficientemente claro y le desconcertaba que sus "seguidores" rechazaran claramente sus ideas clave.[120]

Que alguien con formación filosófica, como Van Til, no haya captado las líneas generales de la filosofía de Dooyeweerd, parece más que extraño. Ciertamente, había puntos que le habrían atraído. En la discusión anterior se señalan varias similitudes en las consecuencias y aplicaciones de sus filosofías. Además, Van Til pensó que había sido dotado por ellos con un método para tratar la historia del pensamiento filosófico y teológico. Pero ¡perderse lo que decían durante treinta y cinco años! Una cosa que da verosimilitud a esto es que Van Til estaba igualmente ciego a las desastrosas implicaciones de sus propias ideas.

Pero entonces, ¿por qué el Seminario de Westminster lo aceptó, e incluso hizo de sus ideas un núcleo indiscutible de su programa? ¿Por qué lo aceptó la Iglesia Presbiteriana Ortodoxa? ¿Por qué fueron tan ineficaces los críticos externos? En cierto modo, el caso de los críticos puede explicarse por el hecho de que estaban preocupados principalmente por cómo Van Til difería de su propia formación y método, y no captaron los elementos motivadores profundos de la perspectiva de Van Til. Más allá de una cierta distancia intelectual e institucional, la gente simplemente no respondía a él. Una excepción notable fue D. Z. Phillips, pero escribiendo mucho después del retiro de Van Til. Phillips no podía creer que Van Til realmente quisiera decir lo que dijo y trató de responder a lo que él pensaba que Van Til

---

[119] Friesen, *Neo-Calvinism*, págs. 2, 21.
[120] Friesen, *Neo-Calvinism*, pág. 23.

quería decir.[121] Por otra parte, la observación de que los presuposicio-
nalistas son realmente malos para detectar las presuposiciones, en
particular las propias, sigue siendo una parte importante de la explicación.

Hoy en día, los Van Tillianos siguen tratando de encubrirlo. Ninguno de ellos está dispuesto a admitir y examinar el alcance total de
la participación de Van Til con las filosofías reformacionales, recono-
ciendo lo que realmente son. John Frame fue el que más se acercó a
descorrer la cortina. Al menos asumió las filosofías, tal como él las
entendía, y admitió que Van Til las había respaldado durante años.

¿QUIÉN ERA EL PROBLEMA EN 1972?

En el Prefacio, se reconoce el hecho de que un problema práctico ini-
ció este debate y esto plantea la pregunta: ¿Fue sólo una de las filosofías reformacionales la causa de los problemas, y cuál fue? En el caso
de las "batallas" en el Seminario de Westminster, parece claro que in-
cluía a los seguidores de Dooyeweerd en conflicto con los que veían
su pensamiento como herético. Incluso Friesen lo menciona en su
libro.[122] Frame también menciona a estudiantes que se marchaban a
conferencias de fin de semana.

Pero parece que fue la situación de las associacones de las escuelas
la que fue decisiva para que se produjera el análisis crítico de Frame.
Es decir, había una campaña activa contra las escuelas explícitamente
cristianas basada en una filosofía reformacional que no admitía tal categoría. Las personas con las que me encontré que estaban organizan-
do campañas contra lo que otros intentaban hacer procedían del Instituto de Estudios Cristianos de Toronto (ICS) y refutaban enérgica-
mente cualquier afirmación de que eran dooyeweerdianos. Afirma-
ban seguir a G. H. Stoker, más generalmente dentro de la tradición
de Vollenhoven. Eran del tipo de la Nueva Izquierda, salvo que ha-
bían adoptado el pensamiento reformacional en lugar de Marcuse.

Una de las acrobacias de este grupo era asistir a la conferencia de
misiones de InterVarsity en Urbana, llevando un remolque con una

---

[121]   D. Z. Phillips, *Faith After Foundationalism: Plantinga-Rorty-Lindbeck-
Berger — Critiques and Alternatives* (Boulder, Colorado: Westview Press, 1988).
Habla de Van Til en la sección dedicada principalmente a Plantinga.

[122]   Friesen, *Neo-Calvinism*, pág. 386.

pequeña imprenta o máquina duplicadora de algún tipo. La gente de ICS asistía a una sesión, luego volvía corriendo al remolque para escribir un análisis y una refutación desde el punto de vista reformacional, y luego salía a distribuir su palabra entre los asistentes. La gente pensaba que eran raros. Esto demuestra, sin embargo, su enfoque combativo en aquella época.

En una nota añadida en 2007 a su colección de pequeños artículos, "Dooyeweerd y la Palabra de Dios", Frame dice:

> A principios de los años setenta, me vi envuelto en algunas batallas teológicas con los discípulos del gran filósofo cristiano holandés Herman Dooyeweerd. Estos discípulos habían fundado el Instituto de Estudios Cristianos (ICS) en Toronto, Canadá. Celebraron conferencias por toda Norteamérica y publicaron libros y artículos.... Otros fanáticos influidos por el ICS intentaron influir en otras organizaciones cristianas (escuelas, iglesias, seminarios) para que siguieran su ejemplo.[123]

Parece probable, pues, que ambos tipos de filosofía reformacional fueran fuentes de los problemas que Frame estaba abordando. Vuelve a confundir a Dooyeweerd con el grupo Vollenhoven/Stoker.

LOS CANADIENSES OTRA VEZ

Este debate sobre John Frame y las filosofías reformacionales es el renacimiento de un debate de hace cincuenta años. El debate tiene un origen particular en la campaña que se está librando contra el pensamiento reformado tradicional, e incluso contra el kuyperianismo tradicional en aquellos lugares donde el pensamiento holandés gozaba de cierto privilegio y tenía posibilidades de entrar. Ha resucitado porque el pensamiento reformacional está intentando de nuevo ganar influencia. Esta vez, por lo que puedo decir (y no he conocido a ninguna de las personas implicadas), la semilla fue Joseph Boot y su Instituto Ezra y su excesiva afición a la teología con calzado de zuecos. La segunda etapa es el Instituto Cántaro, centrado sobre América Latina. Evidentemente, son eficaces, ya que han generado una vigorosa respuesta. El Instituto Cántaro, con su énfasis en la filosofía reformacional, ha encontrado un público que valora ese elemento en particular, y también ha causado alarma en otros que no lo hacen. Sin embargo,

---

[123]   John M. Frame, "Dooyeweerd y la Palabra de Dios", https://framepoythress.org/dooyeweerd-and-the-word-of-god/

surgió un problema, y es que, prácticamente, lo que estaba disponible en el lado crítico era el viejo material de Frame.

La gran diferencia ahora es el *otro* canadiense, J. Glenn Friesen. Ya no es necesario que alguien como Frame escriba sobre Dooyeweerd. Friesen ha dedicado toda su vida al estudio necesario para hacerlo. Friesen está a favor de Dooyeweerd. Le gustaría que el pensamiento de Dooyeweerd fuera aceptado y apreciado. Pero Friesen piensa que ya no necesita viajar bajo un manto reformado. De hecho, Friesen afirma que el propio Dooyeweerd se orientó en una dirección ecuménica y lamentó haber identificado alguna vez su filosofía con la teología reformada. Aunque Friesen sostiene que Dooyeweerd y Vollenhoven empezaron trabajando de incógnito, ocultando sus fuentes e incluso ocultando a los de fuera lo mucho que diferían el uno del otro, ya no tiene sentido nada de eso. Esto hace que los estudios de Friesen sean honestos y refrescantes.

Por lo que respecta a Vollenhoven, la diversidad dentro del movimiento haría que cualquier estudio comparable al de Friesen fuera muy difícil y, al final, engorroso de leer. Friesen ha proporcionado los antecedentes de los primeros escritos de Vollenhoven. Sin embargo, a Friesen no le gustan las ideas de Vollenhoven, que le parecen alejarse en casi todos los puntos de las maravillosas ideas de Dooyeweerd.

Panorama general

Todas las personas de las que hemos hablado han sido kuyperianos de alguna manera, aunque no de la misma forma. Quiero argumentar que esto es significativo. Podemos considerar la influencia de dos maneras, las ideas neo-calvinistas estrechas y una influencia más amplia pero básica en el pensamiento. Los elementos estrechos son los conceptos habituales asociados a los modelos neocalvinistas: antítesis, soberanía de la esfera, autonomía y cosmovisión. También hay que añadir un cierto lado místico de Kuyper, amigo de la idea supratemporal.

Los elementos amplios son los que importaron al final o, podríamos decir, a grandes rasgos. Son el pacto de Kuyper y la Gracia Común. Los dos están conectados y, sin embargo, desconectados. El pacto de Kuyper es el pacto común, más frecuentemente llamado pacto de la Gracia Común. Con él, Kuyper garantizaba un lugar para la cultura en el pensamiento cristiano. Esto funciona colocando la cultura, incluyendo el gobierno civil y el derecho, bajo su propio pacto, separado del Pacto de Gracia y de los diversos pactos de la Biblia que están subordinados al Pacto de Gracia. De este modo, la cultura quedó protegida de ser engullida por la redención. La cultura ya no tiene que intentar justificar que tiene un papel legítimo en el pensamiento cristiano encontrando un lugar dentro del programa de la redención. El efecto de esto ha sido desconectar la cultura y la redención y hacer que sea un problema encontrar una forma adecuada de aplicar el contenido bíblico al área cultural común, ya que casi todo el contenido puede ser potencialmente reclamado para el lado de la redención de los programas de Dios.

La Gracia Común es, en teoría, administrada bajo el pacto común, pero generalmente se piensa de forma independiente. La doctrina de la Gracia Común de Kuyper es la cinta adhesiva de su teología. Pone parches, mantiene unida, apoya y cierra lagunas siempre que éstas aparecen en la estructura teológica. No tiene reglas propias que deba seguir, sino que simplemente se adhiere y conecta allí donde se necesita un arreglo. Generalmente se entiende como una especie de presión a favor del bien y en contra del mal que impide que las cosas sean tan malas como podrían ser. Pero Kuyper se dio cuenta de que su papel necesitaba algún tipo de explicación. La diferencia estriba en si la Gracia Común se concibe en términos de pacto, como acabó haciendo Meredith Kline, o como un factor general de la creación, como se hizo en la Iglesia Cristiana Reformada. Allí acabó invadiendo el ámbito de la redención y en 1924 precipitó una escisión denominacional.

Cory Gress, en su ensayo, dio un lugar demasiado grande a las filosofías reformacionales en la producción de los problemas en la Iglesia Cristiana Reformada, pero el pensamiento reformacional fue capaz de trabajar en sinergia con las ideas generales que allí prevalecían. Una de ellas era la Gracia Común, que llegó a utilizarse como ariete contra la autoridad de las Escrituras. Después de todo, si alguien tiene problemas con lo que enseñan las Escrituras, es porque esa persona está siguiendo otra cosa. Y siempre se puede encontrar apoyo para esa otra cosa convirtiéndola en una expresión o efecto de la Gracia Común.

Los reformacionales, por su parte, tenían una ideología para restringir la aplicación de las Escrituras al ámbito de la fe y deshacerse de las normas más antiguas como positivizaciones obsoletas. Además, la obra continua del Espíritu Santo se estaba revelando en la ciencia, en particular en la ciencia social, a medida que esas ciencias investigaban las esferas modales. En siguir esa ciencia se estaba obedeciendo a Dios a través de sus estructuras-ley.

Por lo tanto, hay razones para considerar el debate no sólo como el problema de las filosofías reformacionales, sino como el problema del kuyperianismo.

En algún momento, el kuyperianismo perdió su atractivo en las denominaciones holandesas. Se han pasado a un liberalismo más moderno y a la "woke". Los remanentes conservadores que salieron de ellas se sienten atraídos por la otra vertiente de la teología kuyperiana, la del pacto de Kuyper, en su forma actual de teología radical de los dos reinos. Han comenzado a complementar su teología, no a partir de la filosofía reformacional, sino del tomismo.

Finalmente, el kuyperianismo destruye cualquier pensamiento reformado allí donde se adopte. Lo hace desbaratando el sistema básico del pacto que unifica la teología. Con el tiempo se buscará alguna otra base que proporcione apoyo a la teología. Las filosofías reformacionales han funcionado en ese papel, pero hoy parecen estar perdiendo ante el tomismo. En México, quizá debido a la experiencia histórica con el romanismo, el tomismo no tiene el mismo atractivo y esto puede explicar por qué las filosofías reformacionales son una opción atractiva. Esto, sin embargo, es una fase temporal. Puede que el proceso tarde más de un siglo en funcionar, pero al final, simplemente habrá un sistema especulativo adaptándose al espíritu de los tiempos para intentar seguir siendo relevante.

CITAS Y LECTURAS COMPLEMENTARIAS

No resulta práctico ni beneficioso intentar crear una bibliografía de obras sobre la filosofía reformacional. La lista sería enorme, en su mayor parte en lenguas poco conocidas internacionalmente, e imposible de conseguir. Incluso cuando se pueden conseguir, resultan turgentes e incomprensibles. La lista que figura a continuación incluye obras que son relevantes por estar ampliamente referenciadas en esta discusión o por explicar con más detalle los puntos de vista intrínsecos a esta discusión.

Dooyeweerd, Herman, *In the Twilight of Western Thought* (*En el crepúsculo del pansamiento occidental*). Existen varias ediciones. En 1960, Presbyterian and Reformed publicó una edición en tapa dura, editada por Henry Van Til a partir del "material básico" de una serie de conferencias populares de una gira por Norteamérica dirigida por Dooyeweerd. Fue publicado por Craig Press, en su serie Modern Thinkers, con una introducción de Rousas Rushdoony. Está incluido en *The Collected Works of Herman Dooyeweerd*, Series B, Volume 4 (Grand Rapids: Paideia Press, 2012), y esta versión también está disponible en línea.

Frame, John M., *Crítica a la Filosofía Reformacional*, trad. Doner Bartolón (Villahermosa, Tabasco: Reforma Press, sin fecha, pero probablemente de 2022) en combinación con *Un reporte desde el decierto* de Cory Gress.

J. Glenn Friesen, *Two Paths of Reformational Philosophy: Early Writings of Vollenhoven and Dooyeweerd*, pág. 145. En línea. https://www.academia.edu/105254020/Two_Paths_of_Reformational_Philosophy_Early_Writings_of_Vollenhoven_and_Dooyeweerd_by

J. Glenn Friesen, *Neo-Calvinism and Christian Theosophy: Franz von Baader, Abraham Kuyper, Herman Dooyeweerd* (Calgary: Aevum Books, 2015, 2016, 2021)

Garciá de la Sienra, Adolfo, *Filosofía y Teología Reformada* (Jordan Station, Ontario: Cántaro Publications, 2024).

Gress, Cory, "Un informe desde el desierto". Véase más arriba.

Spier, J. M., *An Introduction to Christian Philosophy* (Filadelfia: Presbyterian and Reformed, 1954).

Varios ensayos de Van Til, Dooyeweerd y R. D. Knudsen en E. R. Geehan, ed., *Jerusalem and Athens* (Phillipsburg, New Jersey: Presbyterian and Reformed, 1971).

Wilder Tim, *Conocimiento Dividido: Van Til y la Apologética Tradicional* (Rapid City: Via Moderna Books, 2023).

Wilder, Tim, *La Teosofía, Van Til y Bahnsen: Cómo el Neocalivinismo Deformó la Apologética* (Rapid City: Via Moderna Books, 2023).

ÍNDICE